Dormez-vous assez?

Insomnie – Dette de sommeil – Cure de repos

DU MÊME AUTEUR

LIVRES

L'art de rêver, rééd. Flammarion Québec, 2003 ; éd. poche : Les Éditions J'ai lu, 1999 ; éd. italienne : *L'arte de sognare,* Edizioni Amrita, 2004

Rêves et Complices, Éditions Coffragants, 1996

Les rêves, messagers de la nuit, Les Éditions de l'Homme, 1998

Découvrez votre mission personnelle, Les éditions Un monde différent, 1999

Mon journal de rêves, Les Éditions de l'Homme, 1999

Le sommeil idéal, Les éditions Un monde différent, 2000 ; éd. italienne : *Dormire bene,* Edizioni San Paolo, 2002

La découverte par le rêve, Les éditions Un monde différent, 2000

Mon enfant fait des cauchemars, Éditions Alexandre Stanké, 2000

Les secrets de la vitalité, Flammarion Québec, 2003 ; éd. poche : Les Éditions J'ai lu, 2005

Rêves et Symboles, Les Éditions le Dauphin Blanc, 2003

Rêves et Spiritualité, Les Éditions le Dauphin Blanc, 2004

Vos rêves d'amour, Éditions Dangles, 2004

Écrire un livre, Les Éditions le Dauphin Blanc, 2005

CÉDÉROMS AUDIO

Rêves et Complices, livre audio pour enfants 2 à 10 ans, Éditions Coffragants, 1996

L'art de rêver, livre audio, Éditions Coffragants, 2003

Guide Sommeil Douceur Vol. 1, Détente et musique, Productions Musiques Quantiques, 2003

Les secrets de la vitalité, livre audio, Éditions Coffragants, 2004

Nicole Gratton

Dormez-vous assez ?

Insomnie – Dette de sommeil – Cure de repos

Préface du Dr Ghislain Devroede

Flammarion
Québec

Catalogage avant publication de Bibliothèque et Archives Canada

Gratton, Nicole, 1951-

Dormez-vous assez? : insomnie, dette de sommeil, cure de repos

(Collection Advenir)
Comprend des réf. bibliogr.

ISBN-13 : 978-2-89077-312-7
ISBN-10 : 2-89077-312-4

1. Sommeil. 2. Sommeil, Troubles du. 3. Sommeil - Emploi en thérapeutique. I. Titre. II. Collection.

RA786.G722 2006 613.7'94 C2006-941437-8

Page couverture
Conception : Fabrizio Perozzi
Graphisme et illustration : Olivier Lasser

ISBN 2-89077-312-4 (978-2-89077-312-7)
Dépôt légal : 4e trimestre 2006

Imprimé au Canada
www.flammarion.qc.ca

PRÉFACE

Une exploratrice de la nuit

Il peut sembler bizarre, ou paradoxal, que Nicole Gratton, une passionnée de la vie onirique et du sommeil, m'ait demandé à moi, médecin, chercheur et scientifique de formation, professeur et praticien de la chirurgie de surcroît, d'écrire une préface pour ce livre. Quoi de plus diamétralement opposé, en effet, que les subtilités de la vie nocturne et la réalité bien charnelle et pragmatique d'un corps souffrant !

Quelle leçon, pourtant, pour la profession médicale de pouvoir lire sous sa plume que « même si l'insomnie est la conséquence sérieuse d'un problème de base, il vaut mieux ne pas paniquer, car toute forme de crainte risque d'aggraver la situation [...]. Au lieu de craindre l'insomnie, nous devrions lui être reconnaissants, car elle agit en tant que messagère : quelque chose ne va pas et il importe de s'en occuper. L'insomnie est un symptôme et non une maladie. Elle joue le rôle d'alarme pour nous pousser à agir. »

En explorant les profondeurs de la nuit, Nicole Gratton s'inscrit dans la profondeur des choses et de l'être humain. Or, de ce thème qui l'occupe, la vie nocturne, que font les médecins en général ? Nous sommes d'un simplisme navrant. Si la question est posée, et elle ne l'est pas toujours, nous demandons aux malades s'ils dorment « bien » sans trop préciser ce que nous voulons dire par là... Et s'ils dorment « mal », et que nous considérons que c'est un problème et un handicap, nous leur prescrirons « une pilule pour dormir ». Voilà tout pour le sommeil…

Quant aux rêves… Oh, bien sûr, nous avons appris d'un chirurgien britannique, Devinder Kumar, professeur à Londres, d'origine indienne, et d'un psychologue du Midwest, William Orr, que les sujets colopathes (ceux, surtout des femmes, qui ont souvent mal au ventre sans cause apparente), quand ils dorment, ont plus de périodes REM (*Rapid Eye Movements*) que les autres, et que donc, présumément, ils rêvent plus. C'est dans leur ventre que ces sujets souffrent, mais il se passe aussi quelque chose entre leurs deux oreilles. Il n'est donc pas surprenant d'apprendre les effets bénéfiques de la psychothérapie et de l'hypnothérapie chez ce type de malades. Mais nous en sommes aux balbutiements de nos connaissances médicales dans ce domaine. Et nous ne savons toujours pas ce dont se souviennent ces sujets quant au contenu de leurs périodes REM. Pourtant, il y a longtemps que nous aurions dû nous y intéresser.

Un psychiatre, le Dr Jacques Montplaisir, a démontré que les malades qui souffrent d'asthme nocturne font souvent des rêves « blancs », dont ils ignorent le contenu, comme d'autres font des colères « blanches », sans cris. Ou alors, quand ils sont capables de raconter le rêve qu'ils étaient en train de faire, c'est avec beaucoup moins de mots que des sujets qui ne souffrent pas d'asthme nocturne.

Quant aux malades qui ne souffrent pas de troubles fonctionnels, mais de maladies organiques (cancer, maladies cardiaques, maladie de Crohn, rectocolite hémorragique, emphysème pulmonaire, etc.), que savons-nous de leur vie nocturne, et en particulier de leurs rêves ? Pratiquement rien. Seuls les psychanalystes qui osent s'aventurer sur le chemin du corps et explorer les sens font quelques observations. Pour les autres soignants, qu'ils soient psychologues ou médecins, le vieux paradigme de Descartes qui prétend que l'esprit et le corps sont deux sujets différents s'applique.

C'est donc une bénédiction pour l'esprit de lire la complexité, pleine de nuances, et pas du tout simpliste, des écrits de Nicole Gratton sur la vie la nuit. Une bénédiction pour l'esprit d'un médecin qui ne croit plus au vieux modèle biomédical et l'a troqué contre une foi en la « cohérence intérieure » de chaque être humain. Quelle vision sophistiquée que cette description faite par Nicole Gratton de ce qui se passe la nuit chez chacun de nous ! Quelle richesse d'observations, qui fusent dans tous les sens comme un feu d'artifice ! Que de pistes de réflexions ! Que de matériel générateur d'hypothèses de travail et d'expérimentations scientifiques possibles !

Il est certain, en ce qui me concerne, que, à la suite de ma lecture, je modifierai dorénavant ma façon d'aborder la vie nocturne des personnes qui me consultent. Je me contentais de demander si le malade dormait bien ou mal, et dans le cas où il dormait mal, s'il avait de la difficulté à s'endormir, s'il se réveillait souvent ou si ses réveils étaient précoces. Tout de même, je posais des questions sur la possibilité de somniloquie (parler en dormant), suggérant même au conjoint d'engager une conversation avec cette « autre » personne, plus proche de la vraie personnalité, qui dormait à ses côtés. Enfin, mon questionnement sur les rêves consistait à demander au sujet, tout d'abord, s'il s'en souvenait. Car beaucoup de malades, surtout ceux qui souffrent de maladies organiques, ont perdu cet accès à leur inconscient. Quant aux sujets qui se souviennent de leurs rêves, je leur demandais si ces rêves sont fantaisistes ou une image exacte de la réalité, rêves que l'on appelle rêves « opératoires » et que j'ai baptisé « rêves-vidéos ». Il y a aussi les rêves purement physiques, traumatisants, par exemple de chute ou d'écrasement, dont on me parle rarement. Et enfin, il y a les rêves symboliques, pleins de fantasmes, et les cauchemars, qui font le bonheur des psychologues et surtout des psychanalystes, en tant que voie royale d'accès de l'inconscient, et que j'encourage les malades à écrire pour se voir sous un autre jour. Vous constaterez, en lisant cet ouvrage que, bien que plus curieux de la vie nocturne que la majorité de mes collègues médecins du corps et beaucoup plus ouvert aux contradictions de l'inconscient, en communication directe avec la maladie, j'étais encore beaucoup trop simpliste dans mon approche.

Nicole Gratton m'a captivé par sa description méticuleuse et fouillée de la vie nocturne, et m'a enthousiasmé par son énumération des nombreuses pistes de guérison qu'elle nous ouvre. Même s'il est clair qu'elle n'a pas voulu, fondamentalement, écrire un livre sur la guérison, mais plutôt sur la prévention : reconnaître dans le sommeil une source de régénération simple, gratuite et accessible. Avoir un bon lit et se donner la permission de dormir tant et aussi longtemps que le corps le réclame, et non aussi peu que la tête le décide, est à la portée de tout le monde. Et tout cela dans le plaisir, ce que les nombreuses références métaphoriques à la nourriture indiquent. Nicole Gratton nous convie à mieux vivre la nuit. Et, pour commencer du bon pied, à apprendre à bien dormir. Comme en psychanalyse, nous ne sommes pas invités ici à nous conformer à une norme quelconque. Nous sommes dans le domaine d'une science molle, et non de la science dure, que l'on considère trop souvent comme « la science », même si les variables absentes et les chaînons manquants y sont innombrables. Il nous faut suivre l'exploratrice de la nuit qu'est Nicole Gratton avec confiance, en restant ouverts à l'inconnu, autant pour nous reposer des traumatismes du jour que pour aller à la rencontre de nous-mêmes et, comme l'explique Nicole Gratton, laisser travailler toutes les cellules qui ne s'activent que la nuit. Suivons le conseil imprégné de sagesse qui nous est donné par elle d'accueillir le sommeil « avec joie et avec respect ». Pleins d'une curiosité de l'inconnu qui nous habite.

Un dernier point. Et il est loin d'être mineur. Nicole Gratton parle aussi de sa vie nocturne à elle, et c'est là un acte de transparence qui nourrit la confiance, comme le savent bien certains médecins dont Lucy Brodribb, une généraliste américaine qui a écrit un article médical sur ce que les médecins disent d'eux-mêmes pour améliorer la relation soignant-soigné.

Merci donc à Nicole Gratton d'être la soignante de nos nuits.

Dr Ghislain Devroede
Professeur de chirurgie à l'Université de Sherbrooke
et auteur de plusieurs ouvrages, dont
Ce que les maux de ventre disent de notre passé.

INTRODUCTION

Toujours plus vite ! Le rythme de vie moderne est l'ennemi de notre sommeil. Nous manquons de temps et, pour en trouver davantage, nous réduisons sans cesse les heures que nous passons au lit. Stressés par cette course contre la montre, nous avons du mal à nous endormir. Et, lorsque enfin nous dormons, l'accumulation des responsabilités et les préoccupations qui s'ensuivent occasionnent de multiples réveils. Pauvre sommeil, il subit les affres de notre style de vie…

Dilapidant et malmenant le temps que nous consacrons à nous reposer, nous accumulons jour après jour une dette aux conséquences particulièrement néfastes : énergie diminuée, niveau de vigilance abaissé et santé fragilisée. Il a été démontré par certains chercheurs, notamment par le Dr William C. Dement, de l'université de Stanford en Californie, que l'effet provoqué par le manque partiel de sommeil est cumulatif. De ce fait, les heures perdues doivent être récupérées, sinon la santé physique et psychique en sera affaiblie.

On oublie trop que le sommeil fait partie de la vie et qu'il est essentiel à notre bien-être. Pendant que nous dormons, l'organisme répare la mécanique corporelle. Plusieurs fonctions sont en action : le corps se restaure, se défend contre les infections, produit des hormones et fabrique des cellules pour remplacer celles qui meurent à chaque instant. Les cheveux et les ongles poussent, la peau et tous les organes se régénèrent. Notre cerveau aussi se rénove par la consolidation de la mémoire et l'assimilation des apprentissages.

Nul n'ignore l'importance d'une alimentation saine et équilibrée pour le bon fonctionnement du corps. L'énergie que peut apporter un bon repas est comparable à celle qu'apporte une bonne nuit. Alors pourquoi ne pas traiter ce repos quotidien avec la même attention, le même respect que les mets que l'on cuisine ? Pourquoi ne pas l'accueillir avec le même plaisir ?

Les recherches médicales aident à comprendre la physiologie du repos. Quelle est la durée d'une vraie nuit réparatrice ? Comment favoriser le sommeil profond ? Mieux comprendre la structure et le fonctionnement de son sommeil, c'est apprendre à mieux se connaître et à tenir compte davantage de ses besoins. C'est ce que j'analyserai dans le premier chapitre.

Connaissant nos besoins, nous réalisons combien nos modes de vie nous empêchent de les combler. La course contre le temps qui est si caractéristique de nos sociétés modernes est grandement responsable du déficit de sommeil qui frappe aujourd'hui nombre d'entre nous. Je consacrerai le deuxième chapitre à identifier les causes et à mesurer les conséquences de cette dette.

Puisqu'une dette de sommeil ne peut être effacée qu'en la récupérant, c'est-à-dire en dormant, il faut pouvoir envisager le remède radical que constitue une cure de sommeil… au risque de prendre goût à cette médecine ! Comment s'y préparer ? Quels en sont les effets ? Est-elle accessible à tous ? Le chapitre trois propose un mode d'emploi et différentes formules de cure de sommeil.

D'autres moyens très naturels s'offrent à la personne qui souhaite répondre de façon adéquate aux exigences de répit de son organisme. La sieste est l'un d'eux, bien plus accessible et modulable qu'on ne le croit généralement. Pour nous inciter à l'intégrer quotidiennement à nos habitudes, le chapitre quatre présente ses bienfaits et plusieurs façons de la pratiquer.

En apprenant ainsi à mieux tenir compte des besoins en sommeil exprimés par notre corps, on devient attentif aux moindres petits signes qu'il nous envoie. On découvre par exemple que, derrière un simple bâillement, se cache bien autre chose qu'un manque de savoir-vivre. Ce geste, que l'on cherche trop souvent à réprimer, a de nombreuses fonctions qui font de lui, comme le montre le chapitre cinq, un véritable complice de notre vitalité.

Un livre sur les bienfaits du sommeil ne serait pas complet sans que l'on aborde la question du rêve. Quelle est sa durée et à quoi sert-il ? Peut-on programmer nos songes pour obtenir des solutions à nos problèmes quotidiens ? C'est donc aux images de la nuit, à leur origine et à leurs nombreuses fonctions qu'est consacré le chapitre six.

Enfin, parce que parfois, malgré toute la motivation que nous avons à dormir, le sommeil nous surprend par son absence, le dernier chapitre traite plus spécifiquement du problème de l'insomnie. Un espoir existe face à ce véritable mal du siècle ; il réside dans différentes stratégies préventives qu'il nous appartient de mettre en œuvre pour ne pas le laisser gâcher nos nuits.

Améliorer la qualité du repos ! Telle est l'urgence que révèlent les découvertes récentes sur les fonctions du sommeil. Tel est aussi l'objectif de ce livre, qui offre des moyens de retrouver le plaisir de dormir et la motivation d'y consacrer du temps. Il vous accompagnera à travers plusieurs étapes, de l'approche théorique à l'illustration pratique. Pour ne pas alourdir la lecture, j'ai renoncé à insérer dans le texte les références hautement scientifiques. Un résumé à la fin de chaque chapitre vous aidera à intégrer l'information utile pour identifier ce qui nuit à votre sommeil et ce qui en augmente la qualité et les bénéfices.

Dormir enfin, d'un sommeil régénérateur, et s'éveiller pleinement énergisé, mais oui, c'est possible !

Chapitre 1

À LA RENCONTRE DU DORMEUR EN NOUS

Dormir fait partie de notre vie depuis toujours. Dès avant notre naissance, notre vie intra-utérine comportait une alternance de phases d'activité et de sommeil. Pourtant, que savons-nous de cette fonction essentielle à notre bien-être ? Bien souvent, peu de choses.

Le temps de repos passé à dormir représente en moyenne le tiers d'une vie : une part d'existence considérable qui peut parfois sembler inutile à cause de la passivité à laquelle le corps est alors soumis. Les moments passés au lit semblent « perdus » et l'on se demande comment recycler ce temps précieux en périodes plus productives, afin d'augmenter sa disponibilité pour le travail, la création ou les loisirs.

Heureusement, depuis la fin des années 1950, la médecine s'intéresse au sommeil de façon plus concrète. Du point de vue physiologique, les scientifiques peuvent en mesurer la durée et l'intensité. Grâce aux nombreux laboratoires du sommeil mis en place dans différents pays, les chercheurs observent ce qui se passe pendant que l'on dort avec des équipements perfectionnés capables de révéler de nombreux secrets.

Cette nouvelle science du sommeil se nomme la somnologie et les médecins qui en sont spécialistes, des somnologues. Dans les centres du sommeil, ils évaluent les différents troubles associés à cette fonction. En plus de l'insomnie (occasionnelle, transitoire ou chronique), les principales pathologies qui peuvent être diagnostiquées sont le syndrome d'apnée du sommeil (arrêts respiratoires durant le sommeil), qui empêche d'atteindre le sommeil profond, et la narcolepsie (accès irrépressibles de sommeil survenant durant le jour).

La somnologie étudie aussi les effets de la privation chronique de sommeil. Très répandu, ce syndrome d'insuffisance de sommeil cause de nombreux problèmes dont l'irritabilité, le manque de concentration, la fatigue, la dépression, certains troubles gastro-intestinaux, des douleurs musculaires, etc.

L'étude du sommeil a prouvé que celui-ci est d'une grande importance tout au long de la vie. « Le sommeil est un capital santé nécessaire pour nous assurer un développement harmonieux des fonctions cérébrales dans l'enfance puis leur maintien à l'âge adulte, et probablement pour limiter leur déclin avec le vieillissement[1]. »

Pourtant, les statistiques sur la prévalence des troubles du sommeil, dont l'insomnie, sont alarmantes. Dans les pays industrialisés, le pourcentage d'insomniaques augmente sans cesse. Les troubles du sommeil atteignent entre 30 et 50 % de

1. Dr Michel Lecendreux, *Le sommeil,* J'ai lu, 2002, p. 19.

la population adulte et deux fois plus souvent les femmes que les hommes. Ces chiffres augmentent avec l'âge, à cause de la détérioration des fonctions de l'organisme, principalement celles du cerveau, l'organe responsable de la gestion de la physiologie générale.

Lorsque le sommeil ne s'installe pas rapidement, aller au lit est une véritable torture. La journée du lendemain s'annonce chargée et il faudrait s'endormir le plus vite possible. Mais voilà que, malgré la fatigue accumulée, le sommeil continue de fuir. Les pensées s'agitent et le corps devient de plus en plus tendu, créant un tourment intérieur inévitable. Sommeil devient alors synonyme de supplice.

Le moment du coucher représente aussi parfois une période de réflexion qui peut tourner à l'angoisse. Les idées se bousculent et l'esprit s'agite en tous sens. L'introspection se transforme en rumination, et toutes sortes d'émotions jaillissent : culpabilité de n'avoir pas atteint certains objectifs, remords pour des paroles trop promptes, inquiétude concernant des projets en cours, rancune dans le cadre de relations conflictuelles ou anxiété vis-à-vis d'un avenir incertain. Il devient alors nécessaire d'inverser ce mouvement d'agitation croissante des pensées qui fait fuir le sommeil. Pour induire l'endormissement, le mental doit se calmer afin de ralentir les ondes cérébrales.

Dans le but de vous aider à aborder la nuit avec plus de sérénité et d'accueillir le sommeil avec aisance, ce chapitre présente des principes simples pour gérer votre sommeil. Vous y découvrirez certaines informations et des outils pratiques qui faciliteront la mise en place des différentes étapes du sommeil.

Le sommeil idéal

La première source de confusion dans la gestion du sommeil concerne la forme que celui-ci doit prendre et le type d'horaire à adopter. Les points de vue des différents spécialistes et les nombreuses appréhensions du dormeur engendrent des attentes parfois irréalistes. On aimerait s'endormir dès que le corps est étendu et on souhaiterait bien sûr déborder d'énergie au réveil. Est-ce concevable et comment y parvenir? D'autres interrogations méritent également des éclaircissements: à quel moment est-il préférable de se mettre au lit? Les heures dormies avant minuit sont-elles plus réparatrices? Pourquoi s'éveille-t-on plus tôt certains matins?

Au-delà du fait que l'humain doit dormir tous les jours, notons que le sommeil s'ajuste d'abord aux besoins personnels de chacun et que l'application d'une certaine hygiène du sommeil en augmente la qualité. Ces deux conditions jouent un rôle majeur dans le type de sommeil qui va s'installer chaque nuit.

Tout comme chacun possède ses propres empreintes digitales, qui le distinguent des autres, notre sommeil aussi est unique. Parmi les caractéristiques individuelles du sommeil se trouve d'abord la durée, qui détermine les petits, les moyens et les gros dormeurs. Ensuite, l'horaire, qui varie entre le type matinal et le type noctambule.

LA DURÉE DU SOMMEIL

Le repos et le repas ont ceci en commun: ils s'ajustent à nos propres besoins. Certaines statistiques concernant le sommeil sont largement diffusées dans les médias, il est donc légitime de se poser des questions sur la dose nécessaire pour être régénéré. Si l'on se fie à la moyenne générale, il est recommandé de dormir huit heures par nuit, alors que les chiffres actuels démontrent que nous ne passons que six à sept heures endormis.

Devons-nous paniquer devant cet écart entre le temps de repos que nous nous accordons et celui qui semble être la norme nécessaire ? Comment s'adapter à cette différence ? Pour éviter l'affolement, examinons d'abord certains facteurs qui peuvent nous réconcilier avec la vie moderne.

Même si en général nous dormons moins longtemps que nos ancêtres, les conditions étant améliorées, nous pouvons atteindre une meilleure qualité de sommeil, assurant ainsi un repos plus réparateur. Dans un lointain passé, les gens dormaient à même le sol. Cet inconfort nuisait évidemment à leur repos, en plus de causer des problèmes à long terme comme des lordoses et des scolioses. Les paillasses, constituées de grands sacs rembourrés avec de la paille ou des feuilles, ont apporté une grande amélioration. Plus tard ce sont les plumards, remplis de plumes ou de duvet, qui ont augmenté le bien-être du dormeur. Finalement, le lit traditionnel, avec matelas et sommier, a fait son entrée, permettant un confort encore meilleur. De nos jours, nous profitons même du luxe de choisir notre matelas selon sa dimension et sa fermeté.

La sécurité de l'environnement a aussi permis un sommeil plus apaisant. Les cavernes sans portes de nos ancêtres ne sont même pas comparables avec nos maisons munies d'une panoplie de mécanismes sécuritaires. La température contrôlée de la chambre à coucher augmente par ailleurs le bien-être pour assurer un meilleur repos.

À chacun son besoin

Pour ce qui est de la durée du sommeil, si l'on se compare aux chiffres issus des statistiques, on risque de mal évaluer ses besoins individuels. En effet, la moyenne indique que huit heures sont nécessaires pour la récupération quotidienne. Par contre, certaines personnes se contentent d'à peine quatre ou cinq heures, alors que d'autres ont besoin de neuf heures ou davantage de repos.

Afin d'éviter l'erreur de se comparer à cette fameuse moyenne de huit heures, il faut évaluer ses besoins personnels. Il suffit de choisir une période où nos activités n'exigent pas que nous programmions notre réveille-matin. Des vacances prolongées sont propices à cette expérimentation, car on a le temps d'effacer d'abord toute dette de sommeil qui aurait pu s'accumuler durant les semaines ou les mois précédents. Au cours de la deuxième ou de la troisième semaine de vacances, on note l'heure du coucher et celle du réveil naturel, correspondant au moment où l'on se sent reposé. La somme des heures dormies nous indique nos besoins. Peu importe s'il y a eu des éveils partiels durant la nuit, car ces derniers font partie de la structure normale du sommeil. Nos besoins dépendent à la fois de notre bagage génétique, inscrit dès la naissance, et de notre hygiène de vie. Un agenda du sommeil est présenté en annexe pour vous aider à évaluer le temps passé à dormir.

Il n'est donc plus nécessaire de se comparer aux autres. Cette comparaison pourrait induire en erreur plus de 35 % des gens qui font partie de la population qui dort peu ou beaucoup. Il existe de petits dormeurs, avec moins de six heures de sommeil par nuit, et de gros dormeurs, ayant besoin de neuf heures et plus. Tout comme il existe de petits, de moyens et de gros mangeurs, l'appétit varie d'une personne à l'autre.

Le temps de sommeil optimum est celui qui entraîne une bonne vigilance dans la journée, accompagnée d'une efficacité générale dans tous les types de fonctions. Outre le temps passé au lit, voici quelques repères pour reconnaître le type de dormeur que vous êtes.

- Pour le petit dormeur : s'éveiller relativement en forme après une nuit de trois heures ; la durée ne varie pas, même en vacances ; n'avoir aucun plaisir à flâner au lit une fois réveillé.
- Pour le gros dormeur : supporter difficilement de dormir peu ; en vacances ou les week-ends, ressentir un grand besoin de dormir plus longtemps que durant les jours de travail ; avoir tendance à ne pas prolonger les sorties en soirée par peur de manquer de sommeil.

Sachant cela, un petit dormeur ne pensera pas faire de l'insomnie si, après seulement cinq heures de sommeil, il se sent en forme. Un gros dormeur ne craindra pas d'être malade si ses nuits se prolongent au-delà de neuf heures. L'appétit de chacun relève des besoins personnels.

En plus de la durée, il y a l'heure du coucher qui rend les nuits encore plus individualisées. Couche-tôt ou couche-tard, tous les goûts sont dans la nature.

L'HORAIRE DU COUCHER

Certaines personnes aiment aller au lit peu de temps après le repas du soir et d'autres tiennent bon jusqu'aux petites heures du matin. Pourquoi un tel écart ? En élucidant enfin les aspects relatifs à la physiologie du sommeil, la science nous en révèle davantage sur ces particularités.

À chacun son heure

Que ce soit tôt en soirée ou tard dans la nuit, le moment de l'endormissement varie selon que l'on est de type matinal ou noctambule. Cette caractéristique individuelle dépend du chronotype de chacun : couche-tôt ou couche-tard, alouette ou chouette. Là aussi, une partie du caractère provient de la génétique individuelle et l'autre partie, des habitudes de vie.

Êtes-vous une alouette matinale, ou une chouette noctambule ? Voici quelques indices pour reconnaître l'horaire qui vous convient le mieux.

- Le lève-tôt est en forme le matin ; il aime accomplir les tâches difficiles en début de journée ; il préfère généralement se coucher tôt en soirée.
- Le couche-tard est en forme le soir ; il aime effectuer les tâches difficiles en fin de journée ; ses soirées se prolongent sans effort. Il a tendance à être un lève-tard.

En identifiant l'horaire qui vous convient le mieux, vous pourrez planifier vos activités de la journée et votre heure de coucher afin d'être plus efficace à tout moment. Vous serez plus performant à l'état d'éveil et accueillerez le sommeil plus aisément.

Dans un couple, un petit dormeur couche-tard qui tente de suivre l'horaire de son partenaire, gros dormeur et couche-tôt, risque de penser qu'il fait de l'insomnie s'il ne s'endort pas en même temps que son conjoint. Il est donc important de bien déterminer nos besoins personnels et de les adapter à notre rythme de vie.

Les habitudes ont aussi un effet sur l'heure du coucher. Par exemple, le type d'éclairage utilisé en soirée a un impact sur le sommeil. Le cerveau sécrète les hormones de l'éveil durant le jour et les hormones du sommeil durant la nuit. Pour y arriver, il se fie à la quantité de lumière qui lui parvient par différents senseurs postés dans le corps. Ces cellules photosensibles détectent la clarté ou l'obscurité pour envoyer au cerveau, par les neurones, un message afin de produire les bonnes hormones au bon moment. Un éclairage de haute intensité en soirée peut ainsi retarder la sécrétion des hormones du sommeil, laissant penser qu'on est un couche-tard. De même, un manque de clarté le jour peut induire le cerveau en erreur en l'obligeant à sécréter les hormones du sommeil. C'est ce qui se produit l'hiver, engendrant le syndrome de la dépression saisonnière qui agit sur l'humeur. Les heures trop courtes d'ensoleillement ont donc un impact direct sur la physiologie du corps.

Maintenant que la forme du sommeil est mieux comprise, voyons la prochaine étape qui consiste à améliorer sa qualité.

LA PROFONDEUR DU SOMMEIL

On peut dormir longtemps mais avoir un mauvais sommeil, tout comme on peut dormir peu et bénéficier d'un excellent repos. L'élément important dans la qualité du sommeil se situe dans la profondeur de celui-ci. Un sommeil léger apporte moins de satisfaction qu'un sommeil profond.

Pour mieux comprendre la différence entre le sommeil léger et le sommeil profond, voyons la structure du sommeil qui se met en place tout au long de la nuit. La science du sommeil a établi les différentes étapes qui se succèdent pendant que nous dormons.

La nuit se déroule suivant une alternance entre deux types de sommeil : le sommeil lent (profond et léger), divisé en quatre phases, et le sommeil paradoxal (avec mémoire de rêves) comptant pour la cinquième phase. Une nuit complète de sommeil compte ainsi une succession de cinq cycles de 90 à 120 minutes chacun. Le sommeil sera réparateur si ces cycles s'enchaînent harmonieusement. Grâce à un appareil qui permet d'enregistrer l'activité électrique du cerveau et d'en produire un tracé graphique, l'électroencéphalogramme (EEG), il a été possible d'identifier les différentes phases du sommeil.

L'hypnogramme (représentation graphique obtenue à l'aide de l'EEG) permet de constater qu'à chaque phase de sommeil correspondent des ondes cérébrales spécifiques. Le sommeil lent est constitué de quatre phases allant de l'endormissement jusqu'au sommeil de plus en plus profond, avec une variation du tonus musculaire.

- La phase 1 est une période de transition avec l'éveil, aussi appelée période d'endormissement. À ce stade, la conscience n'est pas tout à fait éteinte.
- La phase 2, constituée de sommeil léger, est la période d'installation du sommeil avec ralentissement de l'activité

cérébrale. Au cours de cette phase les bruits extérieurs sont encore perceptibles.

– La phase 3, appelée sommeil profond, présente des ondes cérébrales lentes. La coupure avec l'extérieur devient plus nette.
– La phase 4 est la période où l'activité cérébrale est la plus faible, avec des ondes très lentes, et elle correspond au sommeil très profond. C'est la phase pendant laquelle il est le plus difficile de réveiller le dormeur.

Le sommeil paradoxal, aussi appelé sommeil rapide, constitue la phase 5. Le tracé de l'électroencéphalogramme à ce stade montre une activité électrique presque identique à celle du cerveau en état d'éveil. Cette augmentation de l'activité cérébrale jointe à une absence de tonus musculaire représente un véritable paradoxe, d'où le nom de sommeil paradoxal. Le tonus musculaire étant nul, le dormeur semble temporairement paralysé durant cette phase. Bien que l'on rêve durant toute la durée de la nuit, le stade 5 est celui où les rêves sont les plus facilement mémorisés en raison d'un contenu plus vivace. L'esprit est hyperactif. On observe également une augmentation du débit sanguin cérébral. Certains chercheurs ont même évalué l'activité cérébrale en sommeil paradoxal à 80 % de son potentiel, alors que durant l'éveil elle atteint à peine 10 %.

Tout au long de la nuit, les cinq phases s'enchaînent selon des durées qui varient en fonction du besoin de récupération physique ou psychique. Après environ 90 minutes de sommeil lent s'installe une première période de sommeil paradoxal avec un scénario de rêve. Plus la nuit avance, plus la durée du sommeil paradoxal augmente. Une nuit de sommeil peut comporter de quatre à six périodes de sommeil paradoxal, ce qui se traduit par une capacité à se souvenir de quatre à six rêves.

Même si le sommeil profond ne représente que 20 % de la durée totale de la nuit, il constitue la portion la plus importante sur le plan physiologique, car il veille à la régénération de l'organisme. C'est la période réparatrice qui permet une bonne élimination de la fatigue accumulée et la reconstitution des réserves énergétiques. Cette fonction de restauration correspond également à la sécrétion de l'hormone de croissance. Produite par l'hypophyse, une petite glande située à la base du cerveau, l'hormone de croissance circule dans tout l'organisme en exerçant les fonctions suivantes : elle régule la synthèse de protéines, stimule la croissance et la reproduction cellulaire, aide à brûler les graisses, facilite le développement de la structure osseuse et de la masse musculaire. La libération de cette hormone en début de nuit représente 75 % des quantités produites en 24 heures, ce qui semble démontrer que les premières heures du sommeil, et cela peu importe l'heure du coucher, sont essentielles pour la régénération physique. Qu'on se couche à 21 heures ou à minuit, les trois premières heures sont capitales pour refaire le plein d'énergie physique. Par la suite, c'est la rénovation psychique qui se met en place grâce au sommeil de rêves.

Le sommeil lent (profond et léger) revêt une importance vitale car il a une fonction nettoyante. Durant cette phase, le corps fait son grand ménage interne : il se purifie en éliminant les déchets causés par la pollution environnementale et alimentaire (additifs chimiques). Ce nettoyage est favorisé par le fait que la température du corps s'élève durant le sommeil, augmentant ainsi la transpiration. Grâce aux autres organes, l'assainissement se poursuit : nos poumons expirent plus de gaz carbonique, nos intestins transportent plus de déchets et nos reins filtrent plus activement le sang.

Les reins et le système immunitaire sécrètent des hormones qui s'occupent de la résistance contre les infections et la fatigue. Les globules blancs encerclent et détruisent les bactéries afin d'assurer une plus grande protection de l'organisme. Des milliards de cellules se rechargent en énergie, tandis que d'autres sont remplacées car leur cycle est terminé.

À chacun sa fatigue

Puisque les bénéfices du repos sont aussi nombreux, voyons une des conditions primordiales pour augmenter la durée du sommeil profond : la présence de bonne fatigue.

Nous avons généralement accumulé tout au long de la journée beaucoup de stress. Cet épuisement nerveux crée une fatigue émotionnelle et mentale. Mais le corps physique, lui, n'est pas toujours suffisamment épuisé. Il a parfois passé de nombreuses heures en position assise, à discuter, manger, penser, organiser, écouter, regarder. Le mental peut alors être exténué, mais pas le corps.

Une des fonctions du sommeil profond est d'éliminer la fatigue physique, il faut une dépense minimale d'énergie musculaire pour provoquer cette restauration. Ce que les chercheurs ont évalué en termes de fatigue nécessaire pour générer du sommeil profond équivaut à un minimum de 30 minutes d'exercice continu, une fois par jour.

La dépense énergétique résultant de l'effort musculaire crée un besoin de récupération que seul le sommeil profond peut combler. L'enfant, qui est naturellement très actif, dort très bien du fait qu'il bouge beaucoup, joue ou fait du sport. L'athlète qui s'entraîne régulièrement souffre très peu d'insomnie. En revanche, un adulte sédentaire n'a pas son quota de fatigue physique. Il est très actif mentalement, mais peu au niveau musculaire.

Cette sédentarité causée par la vie moderne constitue un obstacle au sommeil optimal. On mange assis, on se déplace assis et on travaille généralement assis. De plus, la majorité des loisirs se pratiquent en position assise : regarder la télévision, assister à un spectacle, naviguer sur Internet, jouer aux cartes, manipuler un jeu vidéo, magasiner sur le Web, lire le journal, etc.

La vie moderne nous place en déficit de dépense musculaire. La technologie en porte une grande part de responsabilité, avec ses télécommandes qui réduisent les déplacements et ses appareils électriques qui agissent à notre place. Bien assis dans notre fauteuil préféré, nous pouvons passer des heures devant le téléviseur. La cuisine est bien équipée, avec ses appareils qui mélangent et broient à notre place, son lave-vaisselle qui nous libère d'une corvée ennuyante. L'avancement technologique nous fait économiser du temps, mais au bout du compte nous bougeons de moins en moins, car ce temps est souvent réinvesti dans des occupations ou des loisirs passifs, comme regarder la télévision ou jouer à l'ordinateur.

L'exercice qui fait dormir

Plusieurs études indiquent que les exercices cardiovasculaires, comme l'aérobic, sont les plus efficaces pour accroître la quantité de sommeil profond. L'idéal serait de faire plus d'une heure de gymnastique rythmique par jour. Si ce programme est peu réaliste, il existe des alternatives, dont la plus simple consiste en une marche rapide d'au moins 20 à 30 minutes par jour. Il suffit d'avoir un peu chaud, de constater une accélération du pouls d'au moins 40 pulsations par minute par rapport au repos pour les personnes de moins de 30 ans et d'un minimum de 25 pulsations supplémentaires par minute pour les gens de plus de 30 ans.

Lorsqu'on est déterminé à améliorer son sommeil et que l'on reconnaît que le manque d'activité physique peut en être une cause, on s'accorde plus volontiers des plages de temps pour accumuler une dépense énergétique suffisante. Voici quelques choix d'activités génératrices de bonne fatigue :

- faire du vélo stationnaire en écoutant les nouvelles ;
- utiliser les escaliers au lieu de prendre l'ascenseur ;
- se rendre à l'épicerie à pied au lieu d'avoir recours à la voiture ;
- jouer dehors avec un enfant ;
- pratiquer un sport de plein air (ski alpin, ski de fond, patin à roues alignées, vélo, etc.) ;
- nager (dans un lac, dans la mer, dans une piscine intérieure ou extérieure) ;

• pratiquer la marche rapide ou le jogging, seul ou en groupe ;
• jouer au badminton ou au tennis ;
• sortir pour danser ;
• pratiquer le yoga, le stretching, les exercices Pilates, le Taï Chi ;
• faire l'amour régulièrement.

Le dernier exemple, concernant l'activité sexuelle, est la seule activité physique qui peut se pratiquer juste avant de s'endormir à cause des hormones apaisantes, notamment les endorphines, qui sont sécrétées pendant les moments de tendresse. Pour tout autre exercice, un temps de relaxation de deux à quatre heures est recommandé avant le coucher, car l'effort physique stimule la sécrétion des hormones de l'éveil, dont le cortisol et l'adrénaline.

Les autres avantages de la bonne fatigue sont un endormissement plus rapide, des réveils nocturnes moins fréquents, des cycles de sommeil plus réguliers et une augmentation de la durée de sommeil de nuit combinée avec une amélioration de la vigilance de jour.

La bonne fatigue, celle qui exige une dépense musculaire, est donc importante pour favoriser le sommeil profond. Sinon, le sommeil léger occupera une grande partie de la nuit, donnant l'impression d'avoir mal dormi car il est facilement interrompu par le moindre bruit, un malaise physique ou tout autre stimulus externe.

Pour connaître les secrets du sommeil, mieux comprendre son efficacité et son pouvoir, il faut connaître ses différentes fonctions.

LES SEPT FONCTIONS DU SOMMEIL

L'étude du sommeil ne cesse de faire découvrir aux chercheurs ses multiples aspects. Essentiel à la survie, le sommeil occupe un rôle important dans l'entretien de notre corps et de notre esprit. Pour bien l'apprécier, voici quelques-unes de ces fonctions :

1. la régénération de la vitalité ;
2. l'évacuation des déchets organiques ;
3. la réparation de l'usure quotidienne ;
4. la classification des données ;
5. la libération des émotions ;
6. l'intégration mentale des nouveaux apprentissages ;
7. la création de solutions.

1. La régénération durant le sommeil voit à refaire le plein d'énergie après chaque journée. La première partie du sommeil, constituée majoritairement de sommeil lent, est nécessaire pour le repos physique. La deuxième partie servira davantage à la rénovation psychologique dans le sommeil paradoxal. Sachant cela, les premières heures de la nuit sont importantes pour effacer la fatigue physique, peu importe l'heure à laquelle on se couche.

2. L'évacuation des déchets organiques durant le sommeil lent comble la fonction de nettoyage interne en éliminant les cellules mortes et en évacuant les toxines provenant de l'alimentation et de l'environnement. C'est pourquoi l'urine est foncée au réveil. Le sommeil évacuateur a bien fait son travail d'épuration des résidus organiques.

3. La fonction de réparation nocturne s'occupe de l'usure normale de notre organisme. Tous les jours, selon notre hygiène de vie, le corps est soumis, plus ou moins intensivement, aux multiples processus du vieillissement. Chaque nuit, le sommeil répare les dommages occasionnés par le surmenage, les abus alimentaires et les polluants organiques. Dès qu'une blessure a lieu ou qu'une maladie s'installe, grâce à son instinct de survie, le corps fait appel à sa capacité de guérison et c'est durant le sommeil lent que cette fonction s'active.

4. La classification des données (tous les éléments sensitifs et intellectuels qui ont fait partie de notre journée) a lieu pendant le repos nocturne. Le cerveau fait un premier tri des informations en phase de sommeil lent. Plus tard, les informations importantes seront consolidées durant le sommeil paradoxal, celui où l'activité cérébrale est très élevée. Le souvenir des rêves est rendu plus accessible par cette activation du cerveau. Cette fonction permet de consolider la mémoire à long terme.

5. La libération des émotions, quant à elle, veille à notre équilibre psychique. Le contenu émotionnel refoulé durant le jour (désir réprimé, peine non dite, colère retenue ou frustration ravalée) est éliminé grâce aux rêves d'évacuation. Les situations affectives de nature négative sont ainsi supprimées et font place à des sentiments positifs. Les frustrations sont remplacées par des scénarios de rêves agréables et les sentiments de manque (d'argent, d'amour, de liberté, de fantaisie, de sensualité, etc.) sont rééquilibrés grâce aux rêves compensatoires. Le sommeil libérateur efficace nous donne au réveil l'impression d'être allégés émotivement afin d'amorcer une nouvelle journée avec plus de sérénité.

6. La fonction d'intégration mentale permet d'assimiler les habiletés nouvellement acquises. Qu'il s'agisse de l'apprentissage d'une nouvelle langue, de l'entraînement sportif, de la compréhension du fonctionnement d'un appareil ou du perfectionnement d'une matière scolaire, le sommeil, tel un entraîneur, s'en occupe dans la phase 5, celle où l'activité cérébrale est intense et entraîne la production de rêves. Une reprise virtuelle des données fraîchement acquises permet de consolider le réseau neuronal en charge de l'intégration. Nos rêves nous aident à nous adapter aux multiples changements grâce à ces pratiques virtuelles durant le sommeil.

7. La création de solutions durant la nuit a pour but de résoudre les difficultés. Pour un problème mécanique, une énigme mathématique ou un projet artistique, le rêve créatif prend le relais. C'est en phase de sommeil paradoxal que se produit cette prouesse cérébrale, fournissant l'inspiration dont nous avons besoin. Comme le dit si bien le proverbe : « La nuit porte conseil. » En effet, puisque les neurones sont activés à plus de 80 % de leur potentiel, nous sommes plus intelligents la nuit que le jour !

Cette énumération, même incomplète car le sommeil a encore des secrets à nous révéler, nous oblige à entretenir un plus grand respect envers nos nuits. Dormir à satiété n'est pas une perte de temps. Cette période de repos essentielle à notre survie peut devenir une grande source de plaisir si nous la préparons adéquatement et si nous savons mieux l'utiliser, voire la programmer, en donnant une orientation à nos rêves. Ce sujet sera traité en détail au chapitre six. Pour l'instant, retenons que la régénération physique et psychique passe par le sommeil.

Les premières heures de la nuit sont consacrées à la réparation du corps physique grâce au sommeil profond et les dernières heures sont davantage affectées à la rénovation psychique grâce au sommeil paradoxal producteur de rêves.

POUR MIEUX PROFITER DU SOMMEIL

En plus d'une saine fatigue physique favorisant la venue du sommeil profond, d'autres facteurs viendront améliorer la qualité du sommeil en général. Il s'agit d'adopter une bonne hygiène de sommeil en préparant à la fois le corps et le cerveau.

La nourriture étant une source d'énergie, elle permet au corps de maintenir ses fonctions vitales. Chaque repas est suivi d'une période de digestion. L'action de digérer fait intervenir de nombreuses fonctions de l'organisme tout en exigeant un travail parfois considérable selon la quantité et la qualité des aliments ingérés.

Un petit creux qui fait du bien

Le rôle de la digestion consiste à extraire l'énergie vitale contenue dans les aliments et à la faire parvenir aux cellules. Elle se déroule suivant quatre étapes distinctes : l'absorption des aliments, leur transformation par des moyens mécaniques (mastication) et chimiques (enzymes digestifs), l'assimilation des nutriments et l'élimination des résidus. Le processus entier prend entre 18 et 24 heures, dont une partie a lieu durant le sommeil.

Avec un minimum de trois repas par jour, notre organisme travaille à temps plein pour digérer, transformer, assimiler et éliminer. Comme le sommeil profond est propice à l'élimination et à la reconstruction, il est souhaitable que les deux premières fonctions, la digestion et la transformation, soient achevées à l'heure du coucher, afin d'entreprendre les deux autres fonctions durant les premières phases de sommeil et de conserver du temps pour une cinquième fonction qui maintient la vitalité et la jeunesse : la production de nouvelles cellules.

Notre corps jouit d'une perpétuelle métamorphose. Des milliers de cellules meurent chaque jour et de nouvelles sont en formation. La durée de vie de certaines cellules est brève, elle varie d'un organe à l'autre. À titre d'exemple, les cellules intestinales ne vivent que 36 heures. Ainsi, chaque nuit, notre corps se débarrasse des cellules mortes et les remplace par de nouvelles.

Pour faciliter ce travail, il est préférable de ne pas imposer à son organisme plusieurs tâches à la fois. Si, au moment d'aller se coucher, la digestion du dernier repas est terminée, l'assimilation sera suivie rapidement par l'élimination, ce qui laissera davantage de temps pour la construction de nouvelles cellules. En conclusion, on peut affirmer que dormir l'estomac le plus vide possible est un avantage pour maximiser nos fonctions de rénovation nocturne. Vive le petit creux qui nous indique que la digestion est terminée ! Si cette condition crée un inconfort, il suffit de boire un peu d'eau ou une boisson chaude, telle une infusion de plantes calmantes. La présence d'un liquide permet de distendre les parois de l'estomac et de réduire ainsi la sensation de faim.

Si un liquide ne suffit pas, un fruit, comme une banane, quelques dattes ou figues, serait un excellent compromis.

Comme les fruits se digèrent facilement et rapidement, ils accaparent moins d'énergie qu'un aliment qui séjourne de nombreuses heures dans l'estomac. Notons par ailleurs que la banane est riche en tryptophane, un acide aminé essentiel à la synthèse de deux hormones propices au bon sommeil : la sérotonine et la mélatonine.

L'habitude de grignoter avant d'aller au lit est nuisible à la qualité du sommeil. Saviez-vous qu'un verre de lait et un biscuit, à cause des matières grasses qu'ils contiennent, peuvent demander jusqu'à six heures de digestion ?

Une deuxième composante de l'hygiène du sommeil concerne l'environnement. Il est recommandé d'aérer la chambre à coucher et de dormir dans l'obscurité.

De l'oxygène pour les neurones

Lorsque nous avons veillé à accumuler une bonne fatigue physique grâce à une dépense musculaire suffisante, la nuit s'annonce récupératrice. En se glissant sous les draps d'un lit confortable, le corps s'apprête à passer à l'atelier de réparations. La régénération qui s'amorce exige une longue série d'opérations internes. Tous les organes seront sollicités pour recharger nos forces et ranimer notre vigueur : le système respiratoire est responsable de l'approvisionnement des cellules en oxygène et du rejet du CO_2 ; le système circulatoire transporte l'oxygène et la chaleur dont le corps a besoin ; le système nerveux, formé entre autres du cerveau et des nerfs, coordonne les diverses fonctions vitales et s'occupe de la régulation de tous les organes internes.

Pour que cette mécanique complexe accomplisse son travail de façon optimale, il faut un environnement adéquat, c'est-à-dire une pièce dont l'air ambiant est sain. Une chambre bien aérée permettra de fournir tout l'oxygène dont l'organisme a besoin.

Les poumons vont rejeter beaucoup de gaz carbonique à cause de la respiration amplifiée durant le repos. Les neurones, très actifs durant le sommeil paradoxal, vont surconsommer de l'oxygène, tandis que le cerveau participe à un grand nombre de réactions chimiques essentielles, dont l'utilisation du glucose pour fournir de l'énergie, la détoxication et plusieurs fonctions hormonales. Les besoins du cerveau en oxygène sont considérables : il utilise à lui seul 20 % de la quantité absorbée, alors que son poids ne représente que 2 % de celui du corps.

L'air ambiant doit donc être le plus frais possible. C'est pourquoi changer l'air de la chambre avant d'aller au lit est une excellente habitude. Il suffit d'ouvrir une fenêtre pendant 10 à 20 minutes avant de s'endormir.

Une autre façon de préserver une bonne oxygénation de la chambre est de ne pas surchauffer la pièce. Une température se situant entre 15 et 18 °C est recommandée. Une chaleur excessive assèche l'air en plus de diminuer le taux d'oxygène. Une bonne aération, même en hiver, permet de réguler le taux d'humidité tout en rafraîchissant l'air, assurant ainsi une meilleure qualité de sommeil. Il est aussi recommandé de ne pas laisser de plantes dans la chambre à coucher, car celles-ci consomment de l'oxygène.

Une deuxième condition relative à l'environnement concerne l'obscurité de la chambre à coucher.

De la mélatonine gratuite

Dormir à la noirceur n'est pas un simple caprice. Cette condition externe permet la production d'une hormone importante, la mélatonine.

La mélatonine est un messager chimique sécrété par une petite glande du cerveau, la glande pinéale. La particularité de cette hormone concerne sa production, qui a lieu la nuit, alors que l'obscurité règne. Son pic de sécrétion est atteint vers deux ou quatre heures du matin. C'est pourquoi on l'appelle hormone du sommeil ou hormone de l'obscurité.

Par l'intermédiaire de la mélatonine, la glande pinéale renseigne notre cerveau sur la durée de l'obscurité et de la clarté sur une période de 24 heures, mais aussi pendant toute l'année. C'est ainsi que notre horloge biologique connaît l'heure exacte afin de sécréter les hormones de l'éveil durant le jour, grâce à la clarté, et les hormones du sommeil durant la nuit, grâce à la noirceur. Pour bien synchroniser notre horloge biologique, il est nécessaire de s'exposer à la lumière naturelle au moins 30 minutes par jour et de dormir dans l'obscurité. Les contrastes de clarté et de noirceur vont coordonner les sécrétions hormonales.

Le système glandulaire influence profondément les rythmes et les fonctions biologiques. C'est pourquoi de nombreux troubles, dont la dépression saisonnière, sont la conséquence d'un dérèglement de ces rythmes temporels. La baisse de clarté en hiver stimule la production d'une grande quantité de mélatonine qui nous ralentit. Pour environ 15 % à 25 % d'entre nous, cela correspond au blues hivernal, qui se caractérise surtout par une baisse d'énergie, une humeur moins stable et une plus grande tendance au sommeil avec parfois un appétit augmenté. Mais pour 4 à 6 % de la population, les symptômes sont plus sévères et il s'agit d'une véritable dépression saisonnière. La solution la plus simple dans ce cas est la luminothérapie ou photothérapie, qui consiste à s'exposer à une lumière intense contenant tout le spectre de la lumière solaire (sauf les ultraviolets), fournie par une lampe spécialement conçue à cet effet. Une exposition d'une durée de 30 minutes à deux heures par jour est alors suffisante pour synchroniser l'horloge biologique. Il suffit d'installer la lampe de luminothérapie près de soi pendant la lecture, un repas ou une séance de travail. L'intensité de la luminosité doit se situer entre 2 000 et 10 000 lux (le lux étant l'unité d'éclairement).

On constate que durant l'hiver une sortie de 30 minutes à l'heure du midi est une thérapie naturelle efficace. En plus de s'oxygéner, on profite de la clarté du jour pour mettre le cerveau à la bonne heure biologique. La nuit qui suivra sera plus bénéfique grâce à la sécrétion des hormones du sommeil qui veillent à la régénération régulière.

Une évasion quotidienne

Un autre aspect bénéfique du sommeil auquel on s'attarde peu concerne le potentiel d'évasion qu'il nous offre. Grâce à l'arrêt des activités et à la quiétude de la nuit, on se libère de nos préoccupations quotidiennes pour entrer dans un sanctuaire de silence.

En sommeil profond, coupé de toutes formes d'agitation extérieure, le cerveau ralentit son activité. Les ondes cérébrales atteignent une fréquence très lente qui correspond à un état de coma. Les neurones se synchronisent entre eux pour retrouver la cohérence nécessaire au bon fonctionnement du corps dans son entier. Grâce à cette harmonie cérébrale, il devient aisé de percevoir une forme de cohérence universelle et d'être plus sensible à ce qui nous entoure.

Ainsi, lorsque nous dormons, une partie de nous se reconnecte à un champ d'énergie à la fois harmonisant et informatif, que certains chercheurs ont nommé « champ A ». Grâce aux recherches en physique quantique, ce champ invisible devient observable. Ervin Laszlo, chercheur et auteur prolifique (il a plus de 60 livres à son actif), le décrit ainsi : « Comme ce champ A relie tous les cerveaux et les esprits des humains, il est notre bassin d'information commune[1]. » Lynne McTaggart, journaliste scientifique, apporte un autre élément : « Ce champ, à l'origine des plus hautes facultés de notre esprit, constitue la source des informations qui dirigent la croissance de nos corps. Il est notre cerveau, notre cœur et notre mémoire. En fait, ce champ est la matrice du monde en tout temps[2]. »

La précieuse évasion accessible durant le sommeil constitue une séance d'harmonisation gratuite qui nous laisse au réveil avec un sentiment de bien-être et même d'unification. C'est pourquoi dormir est essentiel à notre équilibre tant physique que psychique.

Notre sommeil fait des merveilles ! Mais pour lui laisser l'occasion de nous le démontrer en s'occupant de notre régénération, il nous appartient de le respecter en observant de saines habitudes au coucher. Une digestion terminée, de l'oxy-

---

1. Ervin Laszlo, *Science et champ akashique,* Éditions Ariane, 2005, p. 130.
2. Lynne McTaggart, *L'univers informé,* Éditions Ariane, 2005, p. xiv.

gène et une chambre maintenue dans l'obscurité, voilà de petites attentions qui ont de grandes répercussions sur la qualité de notre repos[1].

EN RÉSUMÉ

- Les besoins en sommeil sont différents pour chacun.
- Les trois premières heures de sommeil, peu importe l'heure à laquelle on se couche, sont les plus régénératrices sur le plan physique.
- Les dernières heures de la nuit sont bénéfiques sur le plan psychique.
- Un minimum de 30 minutes d'activité physique quotidienne assure un sommeil plus profond.
- L'aération de la chambre à coucher permet une bonne oxygénation du cerveau.
- Dormir dans l'obscurité favorise la sécrétion de la mélatonine.
- L'exposition à la lumière naturelle durant le jour permet de synchroniser l'horloge biologique.

CONFIDENCES

J'ai longtemps pensé que dormir était du temps perdu et même espéré que la science parvienne un jour à inventer des

1. L'un de mes précédents livres, *Le sommeil idéal* (Éditions Un monde différent, 2000) développe tous ces principes qui permettent de mieux dormir.

pilules de sommeil pour enfin profiter de la vie 24 heures sur 24. Maintenant, sachant que le sommeil représente davantage qu'un moment de détente, je l'accueille avec plus de plaisir. Comme j'aime produire et rester active, je dors en paix car mes nuits s'occupent des tâches suivantes : consolider ma mémoire pour mieux apprendre, libérer mes émotions pour recommencer une nouvelle journée plus sereinement, stimuler mon activité cérébrale pour développer ma créativité et m'apporter des solutions.

La connaissance de la physiologie du sommeil m'a permis de mieux comprendre l'importance de l'hygiène du sommeil. Par le passé, peu soucieuse de l'impact de certaines de mes habitudes de vie, je devais, pour racheter mes écarts de conduite, en payer le prix en termes d'heures de sommeil supplémentaires. Parmi ces comportements nuisibles, il y avait entre autres : une alimentation déficiente en nutriments et un manque d'exercice. Mon accoutumance aux aliments à forte teneur en sucres raffinés agissait directement sur ma vitalité. Aujourd'hui, mon besoin de glucose est comblé par les fruits que je mange à chaque heure de la matinée. Cette habitude saine m'apporte, en plus des vitamines et des enzymes présents en abondance dans ces aliments frais, une excellente hydratation.

Le deuxième facteur négatif était le manque d'exercice. Comme mon travail exigeait de nombreuses heures à l'ordinateur, donc en position assise, et que mon loisir préféré était la lecture, je ne bougeais pas suffisamment. Dès que j'ai découvert que 30 minutes de dépense musculaire étaient nécessaires pour générer un sommeil profond et que j'ai mis cet exercice en pratique quotidiennement, j'ai constaté une grande différence dans la qualité de mon sommeil. Au lieu de m'éveiller plusieurs fois par nuit à cause de la prévalence du sommeil léger, j'ai redécouvert le plaisir d'un repos plus satisfaisant grâce au sommeil profond.

Ma troisième erreur était en relation avec l'éclairage. Travaillant de longues heures à l'ordinateur avec une lumière tamisée, mais enfin convaincue de l'importance de la bonne fatigue, j'avais mis à mon horaire des périodes d'exercice sur des appareils à l'intérieur: vélo stationnaire, rameuse d'intérieur et trampoline maison. Comme je déteste perdre du temps, je profitais de ces moments pour regarder la télévision. Pour bien voir l'écran, je baissais l'éclairage. Peu importe l'heure, mon cerveau n'arrivait plus à se situer dans la journée. Pour remédier à ce dérèglement de mon horloge biologique, j'ai adopté la marche rapide au grand air, accompagnée de mouvements de musculation, et la qualité de mon sommeil s'est améliorée.

Grâce à ces quelques modifications dans mes habitudes, je suis passée de la catégorie des gros dormeurs à celle des petits dormeurs. Alors qu'il me fallait dormir auparavant 10 à 11 heures pour me sentir reposée, mes nuits sont devenues aussi courtes que 6 heures. De plus, comme j'aime travailler tard le soir, écrire et lire, je craignais toujours de manquer de sommeil et de ne pas être en forme le lendemain. En réalisant que ce sont les premières heures de sommeil, peu importe que l'on se couche avant ou après minuit, qui sont les plus utiles à la récupération physique, la noctambule que je suis peut aller au lit à deux heures du matin et être en forme à huit heures le lendemain.

Chapitre 2

LA DETTE DE SOMMEIL

Une anémie énergétique

Le rythme effréné de la vie moderne entraîne une réduction de plus en plus importante du temps accordé au sommeil. Un nombre croissant de personnes se retrouvent donc avec un déficit chronique de sommeil, que l'on appelle « dette de sommeil » ou « syndrome d'insuffisance de sommeil ».

La notion de déficit de sommeil est relativement nouvelle. Les somnologues en parlent de plus en plus et tentent de convaincre leurs collègues médecins d'en tenir compte dans leurs diagnostics. « Lorsque le besoin de sommeil n'est pas satisfait, l'organisme accumule ce que les spécialistes s'accordent à appeler une "dette de sommeil". Celle-ci est cumulative : une heure de sommeil en moins par nuit équivaut à une nuit blanche par semaine[1]. » Ainsi, à la base de certains problèmes comme la prise de poids, la fatigue chronique et la

---

1. Jacques Grosbois, Michèle Le Pellec, *Apnées, ronflements et troubles du sommeil,* Éditions Option Santé, 2003, p. 45.

dépression, peut se cacher un problème de sommeil jumelé à une mauvaise alimentation et à un manque d'exercice.

Dans les médias, on commence à parler de plus en plus de la dette de sommeil. Le célèbre cinéaste américain Haskell Wexler, récipiendaire d'un Oscar, a produit un film qui s'intitule *Who Needs Sleep?*[1]. Ce documentaire met en évidence les dangers du manque de sommeil, plus particulièrement pour les gens de la télévision et du cinéma qui doivent travailler de longues heures d'affilée. Ce projet a été motivé par le décès de deux collègues du cinéaste, dont un caméraman de Hollywood, tué dans un accident de voiture causé par la somnolence après avoir travaillé pendant 19 heures sur le plateau du film *Pleasantville* en 1998.

On affirmait autrefois que le sommeil manquant demeurait perdu à tout jamais et que l'on ne pouvait le récupérer. Depuis quelques années, cette conception s'est modifiée. Grâce aux expériences faites dans différents laboratoires du sommeil, les chercheurs ont fait la démonstration que le déficit de sommeil est cumulatif mais que cette dette peut être effacée en prenant du repos.

Le Dr William C. Dement, de l'université de Stanford en Californie, a fait des recherches sur le sommeil pendant plus de 40 ans. Dans son livre *Avoir un bon sommeil,* il résume ses principales découvertes et mentionne ceci : « Pour la première fois dans l'histoire de la recherche sur le sommeil, il apparaît que l'effet provoqué par le manque partiel de sommeil ne

1. En français : « Qui a besoin de sommeil ? ».

s'élimine pas d'un jour sur l'autre et qu'il est cumulatif. [...] On considère généralement que la totalité des heures de sommeil perdues doit être remboursée un jour ou l'autre, heure après heure s'il le faut[1]. »

Selon les chercheurs, dans les 40 dernières années, nos nuits ont été écourtées de deux heures. En 2000, 30 % des gens dormaient moins de six heures. Et les études montrent que plus notre déficit de sommeil est grand, plus notre dette de sommeil est élevée et plus il faut longtemps pour l'effacer. Ces heures de sommeil escamotées rendent le corps plus fragile et donc plus vulnérable aux maladies et aux infections.

Au Canada, une étude fondée sur des données de l'Enquête sur la santé dans les collectivités canadiennes (ESCC), en 2002, révèle que 18 % des personnes examinées dormaient en moyenne moins de cinq heures par nuit. Et selon un numéro récent de *Rapports sur la santé,* on estime à 3,3 millions, soit environ un sur sept, le nombre de Canadiens de 15 ans et plus qui ont de la difficulté à s'endormir ou à rester endormis, et qui sont par conséquent considérés comme faisant de l'insomnie[2].

Dans la mesure où un bon sommeil permet au cerveau d'avoir une perspective positive sur les choses, l'inverse se produit lorsqu'on ne dort pas assez : on broie du noir, on se sent facilement malheureux et frustré, on s'emporte parfois pour un rien. De plus, certains problèmes physiques s'accentuent, tels que les douleurs musculaires ou articulaires, les maux de tête ou

---

1. Dr William C. Dement, *Avoir un bon sommeil,* Éditions Odile Jacob, 2000, p. 71.
2. *Rapports sur la santé,* vol. 17, nº 1, novembre 2005.

d'estomac. Ces douleurs physiques amplifiées par le manque de sommeil génèrent ensuite des problèmes d'insomnie, car elles empêchent l'endormissement et fragilisent le sommeil. Un cercle vicieux s'installe : moins de sommeil crée plus de douleur, plus de douleur empêche de bien dormir.

LE MANQUE DE SOMMEIL

Le syndrome d'insuffisance de sommeil est souvent méconnu en raison de sa banalité. Puisqu'il est commun de manquer de sommeil, on considère cette situation comme normale. Pourtant, étant donné que les conséquences en sont insidieuses et menacent la santé, il est important de tenir compte de ce manque et facile de le gérer lorsqu'on sait quoi faire. Ces techniques de gestion sont le sujet du troisième chapitre.

L'apparition d'une dette de sommeil est facile à identifier parce qu'elle s'accompagne de plusieurs symptômes dont une somnolence diurne devenant excessive, un lever difficile les jours de travail, un réveil tardif les jours de congé et une réduction de la performance en général.

Comment l'évaluer

Les chercheurs ont développé quelques tests pour évaluer le niveau de la dette de sommeil. Parmi ceux-ci, on trouve l'échelle d'Epworth et le test de latence du sommeil, appelé le TILE.

Grâce au questionnaire de l'échelle d'Epworth, on peut évaluer le déficit de sommeil selon le niveau de somnolence vécue tout au long d'une journée durant différentes activités.

Par exemple, si l'on s'endort facilement en étant simplement assis à lire ou à regarder la télévision, il est possible que la dette de sommeil soit à un niveau critique. Les résultats du questionnaire déterminent s'il est nécessaire ou non de consulter un médecin afin de trouver les causes de cette carence[1].

L'autre test, le TILE (test itératif de latence d'endormissement) est un enregistrement polysomnographique de 20 minutes toutes les deux heures durant lequel on demande au sujet de rester au lit sans lutter contre le sommeil. On mesure le délai d'apparition de la première phase de sommeil. Un délai moyen d'endormissement (phase 1) inférieur à sept minutes est significatif d'une somnolence excessive. Un délai d'apparition du sommeil paradoxal trop court est évocateur d'une narcolepsie (maladie neurologique caractérisée par une envie irrépressible de dormir) ou d'un très important déficit de sommeil, symptomatique d'une dépression.

Dans la mesure où un endormissement trop rapide constitue le signe d'une dette de sommeil, les personnes qui s'endorment dès que leur tête se pose sur l'oreiller devraient porter une attention particulière à la quantité et à la qualité de leur sommeil. Un temps d'endormissement normal se situe entre 7 et 30 minutes et le réveil à la fin de la durée complète de sommeil devrait se faire de façon naturelle, sans l'utilisation d'un réveil.

Un des troubles du sommeil qui peut générer une immense dette est l'apnée du sommeil. Ce trouble est caractérisé par des

---

1. Le questionnaire se trouve en annexe, page 212.

arrêts respiratoires durant le sommeil. Il se manifeste par de fréquents épisodes d'obstruction partielle ou complète des voies aériennes supérieures causant des interruptions de la respiration (apnées). Les apnées obstructives du sommeil sont dues à la fermeture des voies aériennes lors de l'inspiration. La fréquence est de plus de 10 arrêts respiratoires par heure, d'une durée de 10 secondes et plus chacun. Dans les cas graves, les périodes d'arrêt respiratoire peuvent se prolonger jusqu'à 60 à 90 secondes et se reproduire jusqu'à 500 fois par nuit. Le syndrome d'apnée obstructive du sommeil (SAOS) fragmente le sommeil à tel point que la personne ne bénéficie plus d'un sommeil réparateur. Il s'ensuit une énorme dette de sommeil.

Cette maladie est en croissance constante, surtout à cause du taux d'obésité lui-même en augmentation. L'apnée du sommeil existe dans tous les groupes d'âge et chez les deux sexes, mais elle est plus fréquente chez l'homme, et chez la femme après la ménopause. Les personnes les plus susceptibles d'en souffrir sont celles qui ronflent de manière importante, qui ont un surpoids ou des anomalies de la gorge ou du visage. Les pauses respiratoires dues à l'apnée du sommeil sont habituellement ponctuées par un ronflement important. Elles sont parfois accompagnées d'une sensation d'étouffement, d'un sommeil agité et éventuellement d'une transpiration nocturne abondante, ainsi que de fréquents levers pour uriner. Des maux de tête au réveil, une irritabilité, des problèmes sexuels, des troubles de la mémoire et de la concentration, voire des signes de dépression y sont souvent associés. La fatigue est constante, souvent dès le réveil. Il est donc primordial de reconnaître et de traiter précocement l'apnée du sommeil, car elle peut favoriser l'apparition de troubles du rythme cardiaque ou d'hypertension artérielle, la survenue d'infarctus du myocarde ou d'accident vasculaire cérébral. Les différentes pathologies associées aux apnées du sommeil sont décrites dans l'excellent livre *Apnées, ronflements et troubles du sommeil*[1].

Un des traitements les plus efficaces des apnées du sommeil est le port, pendant la nuit, d'un masque spécial relié à un générateur d'air. La pression d'air accrue maintient la voie aérienne ouverte et le patient peut jouir de tout le sommeil dont il a besoin. Cette méthode de traitement s'appelle la ventilation spontanée en pression positive continue, communément appelée CPAP (*Continuous Positive Airway Pressure*). Il existe d'autres traitements moins draconiens selon le type de blocage causant l'apnée : la perte de poids, l'arrêt de la consommation d'alcool ou de sédatifs, le port d'une orthèse d'avancement lingual ou mandibulaire, d'une sonde d'intubation nasotrachéale ou d'un dilatateur des narines. Parmi les options chirurgicales, la plus fréquente consiste en une ablation de la luette, de certains tissus du voile du palais et même des muscles de la paroi du pharynx par des techniques chirurgicales traditionnelles ou par laser. Le taux de succès de cette opération est d'environ 80 %. L'autre possibilité, plus rare maintenant, est la trachéotomie, une intervention dans laquelle le chirurgien pratique une ouverture de la trachée au niveau du cou et introduit une canule qui permet une respiration assistée.

---

1. Jacques Grosbois, Michèle Le Pellec, *Apnées, ronflements et troubles du sommeil*, Éditions Option Santé, 2003.

Les apnées du sommeil sont le plus souvent liées à une obstruction des voies aériennes supérieures, provoquée par un relâchement anormal des muscles de la gorge et de la langue alors que le cou est déjà encombré par une anomalie anatomique ou une surcharge en tissu graisseux. Chez l'enfant, la cause la plus fréquente est la présence de grosses amygdales qui sont souvent la conséquence de rhinopharyngites à répétition. D'autres cas sont liés à des malformations faciales congénitales.

Comme le montre l'exemple de l'apnée du sommeil, les conséquences d'une dette de sommeil sont parfois très graves. Ce déficit peut entraîner une somnolence excessive pendant le jour, un fonctionnement intellectuel diminué, des pertes de mémoire et même une dépression. Le manque de sommeil est par ailleurs trop souvent responsable d'erreurs au travail et d'accidents de la route.

LA DETTE DE SOMMEIL À TOUT ÂGE

Le manque de sommeil touche aussi bien les enfants que les personnes âgées. Les causes diffèrent d'un âge à l'autre, mais les conséquences sur la santé et sur l'humeur sont similaires.

Des enfants réveillés trop tôt

Le déficit de sommeil peut commencer très jeune. Les bébés, qui normalement dorment très bien pour peu que leur environnement ne les perturbe pas, sont de plus en plus victimes d'un manque de sommeil. Une des causes les plus fréquentes est l'interruption de leur sommeil due à l'horaire des parents qui travaillent et doivent les emmener ailleurs pour les faire garder.

Les besoins en sommeil du nouveau-né se situent entre 16 et 18 heures. À six mois, l'enfant dort en moyenne 15 heures; vers deux ans, il dormira de 13 à 14 heures. Pour avoir sa dose complète de repos, un jeune enfant doit s'éveiller naturellement. Si le parent le réveille pour aller à la garderie, son sommeil de nuit est incomplet. Par ailleurs, l'environnement peut également nuire à son repos de jour. Certaines garderies sont très bruyantes, d'autres n'offrent pas des périodes de siestes suffisantes. En général, de 0 à 18 mois, l'enfant a besoin de deux siestes par jour. Ensuite, de 18 mois à quatre ans, une sieste peut suffire.

À l'âge scolaire, l'horaire du départ de la maison se situe souvent très tôt le matin, ce qui oblige l'enfant à se lever avant la fin naturelle de son repos nocturne. Il se rend à l'école avec une dette de sommeil qui l'empêche d'être attentif en classe. Le soir, l'attrait de la télévision, de l'ordinateur et des jeux vidéo stimule à l'extrême son cerveau et l'empêche de ressentir le besoin naturel de sommeil, provoquant ainsi un retard dans l'horaire du coucher. De plus, la stimulation cérébrale engendre une plus grande difficulté d'endormissement, ce qui amplifie encore le déficit de sommeil de l'enfant.

Des adolescents décalés

Les adolescents ont besoin d'un minimum de neuf heures et demie de sommeil, ce qui est rarement compatible avec leurs activités. Ils subissent de plus un phénomène naturel apparaissant à la puberté, celui du syndrome de retard de phase. Ce syndrome consiste à avoir un sommeil décalé, avec un endormissement qui intervient de plus en plus tardivement. L'adolescent devient ainsi un noctambule et s'endort généralement après minuit, tout en ayant l'obligation de se lever tôt le matin pour aller à l'école.

Le phénomène du retard de phase place l'adolescent dans la même situation qu'un décalage horaire. Au moment de se coucher à 23 heures, son horloge biologique interne lui dit qu'il n'est que 20 heures. Il ne ressent donc ni l'envie ni le besoin d'aller se coucher. Cependant, le lendemain, lorsque le réveil sonne à 7 heures, son corps indique 4 heures du matin. Pas étonnant qu'en classe, la majorité des adolescents somnole une bonne partie de la matinée.

En écourtant par obligation son sommeil, l'adolescent passe à côté d'une phase essentielle du sommeil : la période de rêve la plus longue, en sommeil paradoxal, qui est cruciale à l'intégration des connaissances acquises durant la journée. Comme il doit se lever relativement tôt pour l'école, et parfois aussi pour son travail de fin de semaine, il accumule un énorme déficit de sommeil. Cela a pour effet de nuire à ses résultats scolaires, de modifier son humeur et de fragiliser sa santé.

Une solution pour minimiser cette dette de sommeil serait d'adapter les horaires scolaires en fonction du décalage biologique des adolescents. L'école débuterait plus tard en matinée et se terminerait plus tard en fin de journée. Une heure de plus de sommeil le matin ferait une énorme différence dans l'apprentissage. Aux États-Unis, quelques écoles ont adopté cet horaire modifié avec des résultats concluants. Une étude réalisée au Minnesota, comparant les résultats de 50 000 écoliers du secondaire, a montré que ceux qui commençaient une heure plus tôt obtenaient de moins bonnes notes et multipliaient les problèmes de discipline et d'absentéisme.

Des adultes contre-performants au travail

À l'âge adulte, le cycle veille/sommeil s'équilibre enfin. La durée moyenne du repos nocturne se situe entre sept et huit heures de sommeil. Cependant, libre de décider ce qu'il fait de son temps, l'adulte a tendance à donner la priorité à tout (travail et loisirs) avant le repos. Pour réussir à accomplir les buts qu'il s'est fixés, il devient donc un faux petit dormeur de cinq ou six heures.

Cette réduction du sommeil, qui s'ajoute aux nombreux saboteurs d'énergie que sont le stress et la suralimentation, intensifie la dette de sommeil. N'ayant pas sa dose complète de régénération, l'adulte ne peut donner son plein potentiel à son travail. Il devient contre-performant par manque de concentration et de vigilance, il subit de fréquentes baisses d'énergie et présente une capacité d'adaptation amoindrie qui cause souvent des conflits relationnels. Toutes ces déficiences génèrent un stress supplémentaire.

Si pour fonctionner normalement, l'adulte prend des produits psychoactifs tels que des excitants pour se garder éveillé, des antidépresseurs pour cacher son manque d'entrain et des somnifères pour dormir, tout son système interne s'en trouve gravement déréglé et son cerveau s'abîme du fait de l'utilisation prolongée de ces drogues légales.

Ensuite, lorsque les vacances arrivent enfin, l'adulte qui travaille ne profite généralement pas de cette période pour se reposer. Différentes raisons peuvent l'en empêcher : il se sent coupable de dormir alors qu'il a enfin du temps pour festoyer ou pratiquer son sport favori. De plus, il n'ose pas ou n'arrive pas à changer l'heure habituelle de son lever. La dette de sommeil demeure donc non remboursée et va s'additionnant.

Des aînés mauvais dormeurs à toute heure

En avançant en âge, la fragilité de l'organisme s'accentue. Le cerveau se détériore peu à peu et la qualité du repos en subit les conséquences. Le sommeil de la personne âgée se modifie selon les caractéristiques suivantes : un besoin d'aller au lit de plus en plus tôt et un sommeil trop léger que le moindre bruit dérange. Si un problème de santé cause des douleurs (rhumatismes, arthrite, mauvaise digestion, etc.), l'endormissement en est grandement perturbé.

À cause du mode de vie (peu d'exercice et trop de siestes), le sommeil se fragilise : on bénéficie de moins de sommeil profond et de davantage de sommeil léger. Cela amène inévitablement une fragmentation du repos nocturne, avec de nombreux réveils. Pour les personnes qui vont peu ou pas dehors, le manque d'ensoleillement entraîne un dérèglement de l'horloge biologique ; le cerveau n'a plus ses repères d'éclairage pour sécréter les bonnes hormones au bon moment. En raison de certaines maladies dégénératives, le sommeil peut aussi disparaître presque complètement, obligeant la personne à dépendre d'une médication pour dormir. Tous ces facteurs créent de bien mauvais dormeurs.

Pour maintenir une bonne qualité de repos, la personne âgée doit redoubler de discipline. L'hygiène du sommeil sera sa garantie d'un repos régénérateur. En voici les principales clés : bouger le plus possible pour créer une bonne fatigue (marche, danse, golf, etc.); sortir au moins 30 minutes par jour ou s'asseoir dans un lieu bien éclairé (balcon, terrasse, véranda, etc.) pour la synchronisation hormonale ; limiter la sieste à une seule par jour pour conserver une certaine dose de fatigue pour la nuit ; boire plus d'eau et moins de café pour combattre la déshydratation et l'excitation ; trouver une activité intellectuelle stimulante pour garder le cerveau en forme.

La personne âgée a tout intérêt à préserver la qualité de son sommeil afin d'éviter certaines conséquences graves dont l'augmentation des risques de chutes et de fractures.

LES DOMMAGES DE LA DETTE DE SOMMEIL

Pour de nombreuses raisons, le manque de sommeil compte parmi les maladies modernes ; certains chercheurs parlent même d'épidémie. Nous avons déjà mentionné plusieurs des multiples répercussions de la dette de sommeil sur la qualité de l'éveil : fatigue anormale dans la journée, troubles de la mémoire et de la concentration, diminution des performances. L'irritabilité en est une autre, sur laquelle le Dr William Dement ne manque pas d'insister : « À long terme, la privation de sommeil a probablement bien d'autres conséquences négatives comme une moindre productivité et une plus grande tendance à la mauvaise humeur, voire à la violence[1].» Ce qui laisse supposer que l'augmentation des cas de rage au volant et de violence de toutes sortes pourrait découler d'un manque de sommeil.

Parmi les conséquences de la dette de sommeil qui ont un impact sur la vie des autres, nous retrouvons l'hypersomnolence diurne qui augmente le taux d'erreurs professionnelles (médicales et autres), le manque de vigilance dans des situations à risque et les accidents de travail et de la route.

On a répertorié dans les médias plusieurs événements tragiques imputables au manque de sommeil. De nombreux rapports et articles de journaux ont fait particulièrement mention de ceux-ci: les accidents de la centrale nucléaire américaine de Three Mile Island en 1979 et de celle de Tchernobyl en 1986, l'explosion d'une usine de produits chimiques à Bhopal en Inde en 1984, l'explosion de la navette Challenger en 1986 et le naufrage du pétrolier américain Exxon Valdez en 1989, qui déversa plus de 40 000 tonnes de pétrole brut sur plus de 1700 km de côte, causant d'irréparables dommages à l'environnement. Le manque de sommeil des personnes responsables a été mis en évidence dans les rapports d'analyse. Une des causes principales était le nombre trop élevé d'heures de travail sans interruption.

Le manque de sommeil entraîne parfois une autre conséquence terrible: la somnolence au volant. On dit que l'on peut être «ivre de fatigue»; l'image est juste puisque le manque de

---

1. Dr William C. Dement, *Avoir un bon sommeil,* Éditions Odile Jacob, 2000, p. 76.

sommeil se révèle aussi dangereux que l'alcool au volant. En effet, plus de 17 heures de veille active équivalent à un taux de 0,5 g d'alcool par litre de sang. Ainsi, un automobiliste qui prend la route en ayant dormi cinq heures au lieu de ses huit heures habituelles la veille de son départ court trois fois plus de risques d'avoir un accident qu'un conducteur reposé.

Selon le Dr Éric Mullens[1], 25 à 50 % des accidents de la route sont dus au manque de sommeil. Un communiqué du ministère de la Santé en France, datant de 2003, indique que sur la route plus de 50 % du total des accidents se produisent la nuit et que la plupart d'entre eux sont attribuables à un assoupissement. Parmi ces accidents, 87 % sont fatals. Par ailleurs, le Dr William Dement estime que 24 000 Américains meurent chaque année dans des accidents causés par le manque de sommeil.

Une dette nuisible à la santé générale

Sachant que le sommeil régénère et stimule notre système immunitaire, on peut en déduire que la dette de sommeil diminue notre capacité à nous défendre contre les agresseurs organiques que sont les virus, les bactéries et les parasites. Cette fragilité nous expose aux maladies et aux infections. En effet, des études ont démontré qu'une heure de sommeil en moins affecte directement le système immunitaire. Celui-ci est inhibé et la sensibilité aux infections augmente. Dans le rapport du 17e Congrès sur le sommeil qui se tenait à Strasbourg en 2002,

---

1. Dr Éric Mullens, *Apprendre à dormir,* Éditions Josette Lyons, 2005.

il a été démontré qu'en situation de dette de sommeil, le système immunitaire produit deux fois moins d'anticorps.

Une autre conséquence du déficit chronique de sommeil qu'il est important de connaître est son impact sur les hormones de l'appétit. Certains chercheurs ont distingué deux hormones : la ghréline, qui stimule l'appétit, et la leptine, responsable de la satiété. Or le manque de sommeil aurait un effet direct sur la synthèse de ces hormones : la ghréline est produite en excès, alors que la sécrétion de leptine se voit diminuée. Il en résulte que la sensation de faim est moins bien régulée et que l'on a tendance à manger davantage. Il semblerait aussi que, pour compenser la baisse d'énergie due au manque de sommeil, le corps réclame davantage de nourriture. Toujours est-il que les chercheurs américains ont démontré que moins on dort, plus l'indice de masse corporelle (IMC) est élevé. Si dormir moins favorise l'embonpoint, on peu en déduire que dormir plus aide à maigrir.

Il importe de souligner un autre effet important du manque de sommeil sur la santé, lequel est en rapport avec le diabète. La dette de sommeil augmenterait la résistance à l'insuline, de même que le taux de glucose dans le sang. La glycémie s'en trouve alors perturbée. Les chercheurs ont trouvé 50 % d'insuline en plus dans le sang des personnes en manque de sommeil, ce qui constitue en soi un important facteur de risque de diabète. « En outre, le manque de sommeil lui-même peut avoir un effet dévastateur sur le cortisol. Des études montrent que si vous réduisez votre temps de sommeil de huit heures à six heures et demi par nuit, il ne faudra qu'une seule semaine pour que votre taux de cortisol augmente considérablement ; or, cette augmentation est suivie d'une hausse comparable du taux d'insuline[1]. »

En résumé, si l'on est fatigué, épuisé, d'humeur irritable, avec une tendance à la tristesse et au pessimisme, et avec des difficultés de concentration et des habiletés mentales diminuées, il serait bon d'investiguer du côté du sommeil et de vérifier le nombre d'heures que l'on passe à dormir. Un agenda du sommeil est disponible en annexe pour vous permettre d'évaluer vos heures de sommeil.

Mais d'où vient donc cette dette de sommeil ? Afin d'éviter ou de diminuer tout déficit de sommeil, mieux vaut connaître ce qui le provoque.

LES SEPT CAUSES DE LA DETTE DE SOMMEIL

La vie moderne en est bien sûr la cause majeure. Depuis l'invention de la lampe à incandescence en 1936, les nuits ont perdu le monopole de l'obscurité, marqueur essentiel pour induire le sommeil. Grâce à l'éclairage artificiel, il est possible d'allonger ses heures de veille et même de travailler la nuit. À notre époque, les journées de 20 heures sont devenues monnaie courante pour les personnes axées sur la performance.

C'est désormais l'ensemble des conditions de vie prévalant dans le monde moderne qui influencent la qualité du sommeil. Afin d'identifier les principaux éléments, voici sept

---

1. Dr Barry Sears, *Le régime anti-inflammatoire,* Les Éditions de l'Homme, 2006, p. 158.

causes parmi les plus fréquentes qui génèrent une dette de sommeil :

1. le stress ;
2. la réduction volontaire du temps de sommeil ;
3. la technologie ;
4. les priorités mal gérées ;
5. le travail de nuit ;
6. l'horloge biologique déréglée ;
7. la maladie.

1. Le stress chronique, dû aux exigences professionnelles, aux responsabilités familiales et aux ambitions financières, apporte son lot de pression quotidienne. Les hormones de l'éveil, l'adrénaline et le cortisol, se trouvent alors en circulation continue et nuisent à l'endormissement en raison de l'incapacité à décompresser. Il s'ensuit des nuits blanches qui risquent d'amplifier la dette de sommeil.

2. La réduction volontaire du temps de sommeil, due à des choix personnels, entraîne une dette cumulative. Le besoin de réussir, les exigences familiales et professionnelles contraignent souvent à dormir moins longtemps. Les personnes ayant de lourdes responsabilités sont de plus en plus accablées par le manque de temps. À la maison ou au travail, les gens doivent se dépasser pour atteindre des objectifs sans cesse plus élevés puisque le succès et la performance sont devenus la norme pour évaluer la valeur personnelle. Pour y arriver, le seul temps disponible est souvent celui accordé au sommeil. Les heures de repos sont alors troquées contre du temps de travail, créant à la longue un déficit chronique de sommeil.

3. La technologie avec ses nombreux avantages, dont la vitesse et l'efficacité, comporte également des inconvénients : elle nous bouffe du temps. La télévision avec ses divertissements à toute heure du jour et de la nuit, l'ordinateur avec ses gadgets et ses jeux, l'Internet et le clavardage consomment de nombreuses heures souvent dérobées au temps de sommeil. Cette technologie génère aussi des dépendances (journal télévisé, Internet, jeux) et provoque des insomnies dues à une trop grande stimulation cérébrale.

4. Les priorités mal gérées proviennent d'une conception erronée du sommeil. Pour certains, dormir est synonyme de gaspillage. On peut avoir l'impression de manquer à son devoir. On n'a plus le droit de perdre son temps. Il faut travailler, créer, s'affairer et même, pour certaines personnes, il faut s'inquiéter. Cette gestion du temps, qui fait passer le travail et la réflexion avant le repos, reflète une perception incorrecte du sommeil. En réalité, pour bien produire ou pour résoudre un problème efficacement, il faut être disponible émotivement et mentalement grâce à un repos suffisant. Toute dette de sommeil cause un déséquilibre émotionnel pouvant conduire à la dépression et générer une baisse des habiletés intellectuelles nuisant directement à la performance.

5. Le travail de nuit, volontaire ou imposé, perturbe le sommeil. Policiers, pompiers, médecins et toutes les personnes affectées à un travail de nuit doivent dormir le jour d'un sommeil qui est moins récupérateur. Globalement, on estime à près de deux heures de sommeil la perte subie lorsqu'on dort de jour plutôt que de nuit. Il se crée ainsi une dette de sommeil qui

risque de s'aggraver si le travailleur de nuit ne trouve pas la bonne stratégie pour l'effacer au fur et à mesure. Dormir le jour exige une adaptation constante et une hygiène de vie supérieure à la moyenne : travailler la nuit sous un bon éclairage, dormir le jour dans une pièce obscure, aller au lit l'estomac le plus vide possible, réduire les bruits environnants.

6. L'horloge biologique déréglée, dont les causes sont variables, peut créer une dette de sommeil insidieuse. Il y a d'abord l'âge qui a pour conséquence soit de retarder l'heure du coucher chez les adolescents, soit de l'avancer chez les personnes âgées. Ensuite, l'exposition à un éclairage trop faible provoque une sécrétion des hormones du sommeil au mauvais moment. Enfin, le travail organisé suivant une rotation horaire (jour, soir, nuit) induit un décalage incessant qui finit par dérégler gravement l'horloge biologique.

7. La maladie, sous différentes formes, dont l'apnée du sommeil, les douleurs chroniques et la dégénérescence cérébrale, affecte le sommeil. Une consultation auprès d'un professionnel de la santé est absolument nécessaire pour minimiser l'impact de la maladie sur le sommeil. Sinon, un cercle vicieux s'installe : plus l'inconfort et la douleur sont grands et moins on dort, moins on dort et plus la dette de sommeil s'aggrave, plus la dette de sommeil est importante et plus le système immunitaire faiblit, plus le système immunitaire est fragile et plus le corps est malade, causant de nouvelles douleurs qui nuisent au repos.

Il existe de nombreux autres facteurs susceptibles de créer une dette de sommeil. Parmi ceux-ci on trouve la prise de produits qui interfèrent avec la qualité du repos (excitants, alcool, etc.), de dormir dans un lieu inconfortable (camping, hôtel, hôpital, etc.), de se faire réveiller pour prendre des médicaments ou des mesures (pression, température, etc.), d'être désynchronisé par le décalage horaire lors d'un voyage, de veiller la nuit pour s'occuper d'un enfant ou d'un parent malade.

Pour les travailleurs de nuit qui ont des horaires en rotation, de nombreux conseils sont disponibles dans le livre du Dr J. Paul Caldwell, *Le sommeil*[1]. L'auteur donne aussi différentes solutions pour améliorer la qualité du sommeil des personnes qui sont de garde.

POUR ÉVITER LA DETTE DE SOMMEIL

On constate que l'éveil et le sommeil sont interreliés et qu'ils s'influencent mutuellement. Une bonne vigilance dans nos habitudes de vie et une plus grande connaissance de la physiologie du corps humain permettront d'éviter de cumuler un déficit de sommeil afin de mieux vivre[2].

Les mauvaises habitudes alimentaires et le manque d'exercice favorisent l'embonpoint qui, à son tour, nuit à la santé et accroît l'incidence d'apnée du sommeil. De plus, la pollution environnementale (lumineuse, sonore et électromagnétique) diminue la qualité du repos, aggravant la dette de sommeil lorsqu'elle est présente.

---

1. Dr J. Paul Caldwell, *Le sommeil,* Guy Saint-Jean Éditeur, 1995.

2. Pour un exposé sur les principales fonctions de nos organes internes responsables de la vitalité, voir Nicole Gratton, *Les secrets de la vitalité,* Flammarion Québec, 2003, p. 122 à 129.

Rappelons-nous qu'une fois la dette de sommeil installée, celle-ci induit de nombreux malaises dont une mauvaise reconstitution des stocks énergétiques des cellules musculaires et nerveuses, une faible élimination des déchets organiques des systèmes respiratoires, cardiovasculaires et glandulaires, une diminution des défenses immunitaires et un risque de somnolence diurne. Au niveau psychologique, elle entraîne des troubles de la régulation de l'humeur et une perturbation des mécanismes d'apprentissage et de mémorisation.

En déficit chronique de sommeil, les réserves émotionnelles sont à leur plus bas niveau. Il s'ensuit une plus grande irritabilité, de l'intolérance et un manque de motivation. Les troubles explosifs intermittents, caractérisés par des débordements de colère, observés notamment dans les cas de rage au volant ou de violence conjugale, pourraient être causés par un manque de sommeil. La dépression en serait aussi une des conséquences puisque les stocks d'hormones comme la sérotonine, responsable de la bonne humeur, n'auraient pas le temps de se reconstituer.

La dette de sommeil représente donc l'ennemi numéro un, auquel il faut s'attaquer en priorité afin de trouver la force de modifier nos habitudes de vie et de s'orienter vers une vitalité croissante. Pour y faire face, rien de mieux qu'une bonne cure de sommeil. Le prochain chapitre traite des nombreux aspects de ce festin thérapeutique.

EN RÉSUMÉ

- Réduire les heures de repos crée une dette de sommeil qui affecte la santé physique et psychique.
- Les enfants sortis du lit avant leur réveil naturel accumulent une dette de sommeil.
- Les adolescents qui manquent de repos subissent des problèmes d'apprentissage.
- Le manque de sommeil diminue les capacités physiques, émotionnelles et intellectuelles.
- Le stress, la mauvaise gestion des priorités et la maladie sont parmi les causes qui génèrent une dette de sommeil.
- Le travail de nuit exige une plus grande hygiène de vie pour éviter un déficit de sommeil.
- Les réserves émotionnelles sont à leur plus bas niveau lorsqu'une dette de sommeil est présente.

CONFIDENCES

Comme je suis un oiseau de nuit, je ne me rends pas compte parfois que j'ai dépassé mon heure de coucher. Mais avec le temps, j'ai appris à reconnaître les symptômes d'une dette de sommeil qui risque de s'installer. Une difficulté de concentration et un découragement devant des tâches ordinaires m'indiquent assez souvent que j'ai abusé de mon énergie et que mes réserves émotionnelles ont atteint un niveau trop bas.

J'ai aussi remarqué que lorsque je suis malade, mon corps réclame énormément de sommeil. Au lieu de m'éveiller naturellement au bout de six heures comme à l'habitude, je constate que je dors entre neuf et douze heures. Ce besoin soudain d'heures de sommeil supplémentaires m'indique que mon corps effectue un grand travail interne pour combattre la maladie. Si je ne m'accorde pas ce temps, la guérison est plus longue.

Lorsque je vais en voyage de formation (congrès, séminaire, etc.), à cause du décalage horaire et du programme intensif des activités, j'accumule souvent une dette de sommeil. J'essaie alors de planifier avant mon départ quelques bonnes nuits de repos pour minimiser l'impact du déficit de sommeil qui va suivre. Dans l'avion, j'économise mon énergie en gardant les yeux fermés le plus souvent possible, même si je ne dors pas. J'écoute une musique agréable et je visualise à l'avance les moments heureux que je vais vivre à l'étranger. Au retour, je m'empresse d'annuler le manque de repos accumulé durant le voyage d'affaires afin de ne pas fragiliser ma santé. Il me suffit de prolonger une ou deux nuits de quelques heures.

Chapitre 3

LA CURE DE SOMMEIL

Un festin thérapeutique

« Notre civilisation matérialiste, dans sa quête de performance et de rentabilité, nous a fait générer frénétiquement quelque chose qu'elle nous a interdit d'éliminer, nous la faisant accumuler jusqu'à la nausée[1]. » Le Dr Maurice Tran Dinh Can montre ici combien l'épuisement est aujourd'hui un problème de société. Les personnes actives qui n'ont pas appris à gérer leur fatigue auront donc besoin d'un temps de repos prolongé pour effacer la dette de sommeil accumulée jour après jour.

Tout comme une dette d'argent se résorbe en injectant de nouveaux fonds, une dette de sommeil s'élimine en prenant tout simplement du temps pour dormir. La fatigue accumulée qui nuit à la vitalité quotidienne n'a qu'un antidote : le repos. Dormir ne coûte rien et n'exige aucun mode d'emploi. Il suffit de s'étendre, d'accueillir le sommeil et de laisser le corps faire son

---

1. Dr Maurice Tran Dinh Can, *Bien dormir pour guérir*, Éditions du Rocher, 2002, p. 62.

travail de récupération. Ensuite, le plus important : ne pas se sentir coupable.

Lorsque dormir devient plaisir, on souhaite le faire à profusion. On a vu dans les chapitres précédents qu'un certain nombre d'heures de sommeil nous sont nécessaires chaque jour pour refaire le plein d'énergie et veiller à l'entretien journalier de notre organisme. Cependant, lorsque l'épuisement s'installe, le repos nocturne habituel ne suffit plus à restaurer l'énergie et à assumer le travail d'entretien. Il faut y voir de façon plus sérieuse avant que la santé physique et morale en soit affectée.

Pourquoi donc ne pas s'offrir, de façon ponctuelle ou régulière, un festin de repos en entreprenant une cure de sommeil ? Que ce soit dans un but préventif ou thérapeutique, une période de sommeil prolongé est toujours un cadeau que l'on se fait à soi.

Le terme « cure » fait référence aux notions de soin, de traitement, de soulagement et de guérison. La cure de sommeil dont il est question ici n'a rien d'une cure médicale, induite par des substances chimiques qui endorment le patient durant plusieurs jours sans réveil. Cette intervention, sous supervision médicale, se nomme « narcose profonde et prolongée ». Le médecin utilise alors des hypnotiques divers et des tranquillisants pour maintenir son patient en état de sommeil.

La cure de sommeil ou de repos proposée dans ce chapitre est naturelle, simple et n'exige aucune supervision. Elle consiste à s'accorder une période de repos continu, que l'on choisit d'observer chez soi ou dans un lieu propice à la détente. C'est une autothérapie douce qui permet au corps de se régénérer par lui-même. C'est un traitement gratuit, ou peu coûteux, s'inscrivant dans le courant de pensée actuel qui propose que l'on se responsabilise face à sa santé.

Les conditions de la vie moderne sont propices à constituer une dette de sommeil si disproportionnée que seule une cure de repos parvient à neutraliser ses conséquences dommageables. Est-il nécessaire de tomber malade pour rester au lit et dormir un plus grand nombre d'heures ? Doit-on attendre pour rester tranquille chez soi qu'une dépression nous force à ralentir notre rythme trépidant ? Faut-il espérer que le corps démissionne et que l'esprit dérape pour s'accorder un repos suffisant ?

Afin de maintenir un niveau de vitalité à la hauteur de nos attentes, l'entretien de notre santé physique et mentale est essentiel. L'augmentation des cas de fatigue chronique, d'épuisement professionnel et de dépression montre que nos sociétés axées sur la productivité devraient faire la promotion de ce genre de cure.

Que ce soit par plaisir ou par nécessité, dormir plus longtemps que la dose habituelle est une assurance de santé. Comme l'affirme le Dr William Dement : « Le sommeil est aussi intimement imbriqué dans l'équilibre neurologique et hormonal que la trame et la chaîne dans un tissu, et je crois fermement qu'une approche holistique de la santé implique de bien dormir et en quantité suffisante[1]. »

---

1. Dr William C. Dement, *Avoir un bon sommeil,* Éditions Odile Jacob, 2000. p. 270.

LES SEPT FONCTIONS DE LA CURE DE SOMMEIL

Parmi les nombreuses fonctions qu'assume la cure de sommeil, en voici sept qui pourraient vous convaincre de l'essayer. Les quatre premières concernent le corps physique et les trois suivantes relèvent de l'aspect psychologique :

1. effacer la dette de sommeil ;
2. nettoyer l'organisme en profondeur ;
3. guérir de façon naturelle ;
4. modifier les mauvaises habitudes ;
5. décrocher du quotidien ;
6. évaluer les besoins prioritaires ;
7. harmoniser les corps subtils.

1. Que votre dette de sommeil soit minime ou considérable, il importe de s'en occuper. On ne sait jamais à quel moment le corps sera soumis à une agression organique (microbes, virus, champignons). Il vaut donc mieux prévenir que guérir. Une dette de sommeil qui s'accumule au fil des mois fragilise l'organisme et tout spécialement son système immunitaire. En revanche, un corps bien reposé a toutes les chances de réussir à se défendre des agresseurs et à éliminer les agents pathogènes.

2. Pour nettoyer l'organisme en profondeur, la cure de sommeil est d'une efficacité indéniable. En théorie, le temps accordé au sommeil régulier suffit à assurer le repos quotidien et l'entretien normal du corps. Cependant, si notre style de vie inclut une alimentation déficiente en nutriments (trop de produits transformés), la prise régulière d'alcool et de stimulants dont le café et les colas, il est possible qu'une nuit de sommeil normale ne parvienne pas à évacuer entièrement ces substances

génératrices de déchets organiques. Une cure de repos s'avère donc nécessaire de temps à autre pour permettre un nettoyage en profondeur et éviter l'encrassage interne.

3. Pour aider à guérir de façon naturelle, la cure de sommeil est très opérante. Le sommeil prolongé permet à tous les mécanismes de réparation internes d'avoir suffisamment de temps pour soigner les blessures, petites et grandes. Il accélère ainsi la guérison des maladies et ralentit le processus de vieillissement. Une des raisons pour lesquelles la rénovation interne est facilitée durant le sommeil provient de la sécrétion de l'hormone de croissance. Cette hormone stimule la synthèse des protéines, contribue à décomposer les graisses qui fournissent l'énergie nécessaire à la réparation des tissus et favorise la division des cellules de remplacement. La concentration d'hormone de croissance libérée pendant la première partie de la nuit, en sommeil profond, démontre l'importance de ce processus d'entretien.

4. Pour modifier certaines mauvaises habitudes, un changement de routine est parfois nécessaire. C'est ce que permet la cure de sommeil de façon privilégiée. En s'accordant tout le temps nécessaire pour bien se reposer, on est incité à modifier certaines habitudes, dont celles reliées à l'alimentation. On peut prendre le temps de diminuer sa consommation de mets transformés, souvent due à un emploi du temps trop chargé, d'éliminer sa dépendance aux sucreries ou au tabac dans laquelle le stress joue un grand rôle, et d'augmenter la part d'aliments vivants dans son assiette (fruits, légumes, germinations, noix, grains entiers). Durant la cure de sommeil, on inclut aussi l'ha-

bitude de boire beaucoup d'eau et on prend la décision d'éliminer les collations en soirée.

5. Pour décrocher du quotidien, la cure de repos est idéale. Sous la forme d'une courte trêve dans nos tâches journalières ou d'une longue interruption de nos responsabilités habituelles, elle est un cadeau sans prix. La routine étant mise de côté, on peut explorer d'autres activités qui amplifient les bienfaits de la cure, notamment l'exercice physique, la lecture et la méditation.

6. En offrant de nombreux moments de réflexion, seul avec soi-même, la cure de sommeil facilite l'évaluation des besoins prioritaires. Le fait de dormir plus que notre besoin habituel favorise par ailleurs la manifestation de nombreux rêves. Cela est dû au sommeil paradoxal qui allonge au fur et à mesure que la nuit avance. Or certaines informations obtenues grâce à l'observation du contenu des rêves peuvent nous guider dans nos choix de vie. En effet, les priorités personnelles, familiales et professionnelles sont très souvent mises en relief dans les scénarios de rêves.

7. Pour l'harmonisation des corps subtils, la cure de sommeil est d'une efficacité étonnante. Du corps émotionnel au corps spirituel en passant par le corps mental, un équilibre des dimensions de la psyché se produit naturellement. La quantité de rêves qui ont l'occasion de se présenter favorise le grand ménage intérieur. Les rêves compensateurs permettent d'évacuer les émotions refoulées; les rêves créatifs fournissent au mental des solutions aux problèmes en cours; les rêves spirituels nous reconnectent avec notre véritable identité afin de nous permettre d'accomplir notre mission personnelle. L'har-

monie intérieure qui s'établit alors procure un plus grand bien-être.

De nombreux autres bienfaits sont consécutifs à la cure de repos. C'est dans la pratique qu'on les découvre, car ils dépendent des besoins de chacun. Se donner la permission de dormir de longues heures représente une démarche qui témoigne de l'amour de soi et de la reconnaissance de ses besoins personnels.

L'attention portée aux besoins du moment va d'ailleurs guider le mode d'application de la cure de sommeil. C'est pourquoi les choix qui seront faits quant à l'organisation pratique du repos prolongé varient d'un individu à l'autre, d'une cure à l'autre.

CHOISIR SON MOMENT ET SON ENDROIT

Chacun peut trouver sa façon à lui de pratiquer la cure de sommeil. La durée du traitement dépendra de la disponibilité et le lieu sera déterminé en fonction de l'accessibilité géographique et des moyens financiers.

Concernant la durée, les différentes formules proposées vont de la minicure occasionnelle à la cure régulière plus élaborée. Peu importe le nombre de nuits, le simple fait de dormir plus longtemps offre à l'organisme un précieux répit. Le sommeil est en soi une cure, dans le sens où un repos d'une durée prolongée permet au corps d'amorcer un travail en profondeur.

Lors du sommeil normal, une régénération de base a lieu, incluant la digestion des aliments, l'assimilation des nutriments et l'élimination des déchets. Selon le temps mobilisé par ces trois premières fonctions, il reste plus ou moins de temps pour la réparation tissulaire. Dès que le temps accordé au repos dépasse la dose habituelle, le corps reconnaît la disponibilité qui lui est accordée pour prolonger le vrai travail thérapeutique. Il se met alors en mode rénovation dans les recoins les plus infimes de notre organisme, veillant ainsi à maintenir une santé optimale.

Voici deux formules de cure de repos selon la disponibilité et l'urgence : la minicure occasionnelle, facilement accessible le week-end, et la cure régulière, saisonnière ou annuelle.

Courte mais efficace

Une cure de sommeil brève consiste à dormir une douzaine d'heures pendant une ou deux nuits consécutives. Peu importe que le sommeil soit continu ou fragmenté, le simple fait de rester au lit, sans dépenser d'énergie, permet au corps de poursuivre son travail de régénération. Grâce à l'immobilité du corps, le métabolisme se modifie. L'énergie ordinairement réservée à la dépense musculaire et à la digestion s'oriente vers des fonctions thérapeutiques.

Un nettoyage en profondeur s'amorce afin d'éliminer les déchets dus à notre alimentation industrielle remplie de produits potentiellement toxiques (colorants artificiels, additifs chimiques, pesticides, etc.). La réparation tissulaire est aussi augmentée par cette disponibilité énergétique. Les cellules endommagées sont remplacées par de nouvelles dans le but de maintenir la tonicité des tissus et les organes sont régénérés afin de restaurer notre vitalité.

La cure de repos de courte durée se pratique au besoin, la semaine ou le week-end, et permet d'acquitter au fur et à mesure sa dette de sommeil. En période de travail ou d'étude, il suffit d'aller au lit plus tôt qu'à l'habitude et d'éviter de manger lourdement. N'oublions pas le dicton suivant : « Qui dort dîne. » On commence par accomplir le rituel habituel du coucher pour envoyer au corps le signal que la période de sommeil va suivre dans peu de temps. En se glissant sous les draps, on met son esprit à contribution en s'autosuggérant que ce repos bien mérité va nous apporter toute l'énergie dont nous avons besoin pour poursuivre la semaine en grande forme.

En période de congé ou de week-end, la minicure peut s'organiser dans le sens inverse. On va au lit à l'heure habituelle, mais le lever du lendemain est plus tardif puisqu'il n'est pas nécessaire de se rendre au travail. C'est ce qu'on appelle faire la grasse matinée. Il est très important de ne pas se sentir coupable de rester au lit et de savourer le plaisir de dormir plus longtemps.

Longue et profonde

La cure de plus longue durée peut être pratiquée sur trois jours consécutifs ou idéalement durant une semaine complète. Un cycle de sept jours apporte des résultats intéressants. Cela représente de véritables vacances pour le corps.

Il faut d'abord déterminer le type de dormeur que l'on est (voir le chapitre 1) pour adapter la durée de la cure en fonction de notre physiologie. Le temps de sommeil curatif pour un petit dormeur peut atteindre 9 à 10 heures, tandis que celui d'un gros dormeur peut se prolonger jusqu'à 13, voire 15 heures. Voici un exemple pour la moyenne des gens, avec le modèle de 12 heures. Le couche-tôt pourra choisir l'horaire de 21 h à 9 h. Le couche-tard se sentira à l'aise d'opter pour l'étalement de minuit à midi. Tout autre intermédiaire entre ces deux horaires est valable, pourvu que la durée soit plus longue que le temps de sommeil habituel.

Il est normal de se poser la question suivante : vais-je réussir à dormir 12 heures d'affilée pendant une semaine complète ? La réponse est oui lorsque les conditions suivantes prévalent : une dette de sommeil (épuisement ou surmenage), une maladie (rhume, grippe, fièvre, infection, etc.), une dépression (grande démotivation, *burn-out*).

Si ce n'est pas le cas, le repos sera entrecoupé de moments d'éveil. Il suffit alors de rester au lit et de savourer ces instants en se prélassant confortablement dans les draps, jusqu'à ce qu'un nouveau cycle de sommeil arrive et que le temps planifié soit finalement écoulé.

Il est à noter que peu importe si on dort profondément, légèrement ou pas du tout, le simple fait de rester allongé dans l'obscurité ou la pénombre permet au corps de poursuivre le travail de régénération amorcé par les premiers cycles de sommeil. Ainsi, les heures supplémentaires ont un effet cumulatif et permettent au processus de régénération ou de guérison de se mettre en place grâce au ralentissement du métabolisme induit par l'immobilité.

Chez soi ou ailleurs

Pour entreprendre une cure de sommeil, le lieu le plus simple demeure chez soi. Il sera alors important d'avertir les éventuels autres occupants du logement afin de s'assurer de jouir de la tranquillité appropriée et de se sentir à l'aise de prolonger ses heures de sommeil.

Il est cependant possible d'opter pour un endroit différent, surtout pour la cure de longue durée. En étant dans un autre espace, il est parfois plus facile de respecter l'horaire établi et de demeurer dans une attitude mentale de lâcher-prise vis-à-vis des préoccupations habituelles.

Selon le budget dont on dispose, voici une liste d'endroits propices pour une longue cure de sommeil :

- un chalet ;
- une maison de campagne ;
- l'appartement d'une connaissance partie en voyage ;
- une cellule de couvent ou de monastère ;
- un ermitage ;
- une chambre d'hôtel ou de motel ;
- une auberge de santé.

Un voyage de pêche ou de chasse peut constituer un moment privilégié pour entreprendre une cure de repos. Les conditions sont en principe idéales pour s'adonner librement au repos : le calme enchanteur de la nature, les odeurs agréables, l'éloignement des bruits et de la pollution de la ville et l'absence des accessoires technologiques (téléviseur, Internet, etc.). Il suffit de se lever tôt pour l'activité choisie et de se mettre au lit dès que l'obscurité commence. Il serait aussi important d'éviter l'alcool, qui diminue grandement la qualité du repos en provoquant de nombreux éveils durant la nuit.

Un autre moment inusité pour pratiquer la cure de sommeil est lors d'un séjour à l'hôpital. Puisqu'il y a peu à faire entre les examens médicaux et les visites du personnel traitant, cette période de réclusion peut devenir un temps propice au repos prolongé. Dans cette optique, il sera conseillé d'avertir la famille et les amis de diminuer la fréquence de leurs visites, afin de satisfaire le besoin de tranquillité. Pendant cet isolement relatif, la chambre d'hôpital sert de retraite temporaire. Il suffit de se laisser bercer par le sommeil enveloppant. Cependant, il serait bon d'apporter des bouchons d'oreille pour minimiser les bruits environnants qui malheureusement sont trop fréquents en milieu hospitalier.

La cure de sommeil se pratique très bien dans un couvent, un monastère, une abbaye ou un ermitage. Dans ces lieux favorables aux retraites, la cure est très agréable et possède de nombreux avantages : un calme assuré, un environnement paisible et un prix abordable. Le silence est souvent de rigueur, ce qui permet d'être dans une ambiance de calme. Les cellules ou chambres, la salle à manger et les alentours offrent la paix nécessaire à la détente.

Si les moyens financiers le permettent, une cure de sommeil dans un hôtel ou une auberge de santé présente d'autres avantages, dont celui du confort. De plus, les centres de santé offrent des services de soins corporels qui peuvent rendre la cure plus agréable : sauna, massage, drainage lymphatique, pressothérapie, bain thérapeutique, enveloppement d'algues. Certains d'entre eux accélèrent la détoxication (sauna et drainage lymphatique), d'autres favorisent la détente (massage et bain). Les traitements corporels activent aussi l'évacuation du stress accumulé.

Si l'on ne reste pas chez soi, on apporte un minimum de bagages afin de ne pas être tenté de faire des sorties ou de socialiser. Les accessoires principaux sont des vêtements de nuit (pyjama, robe de chambre et pantoufles), un ensemble de sport et des souliers confortables pour la marche quotidienne, quelques livres inspirants pour nourrir l'esprit et du papier pour noter les idées qui pourraient se présenter.

Dans un chalet ou une maison de campagne, il faut prévoir la nourriture à apporter, car généralement le marché d'alimentation ou un comptoir à fruits et légumes est éloigné. Si un dépanneur existe dans les environs, la disponibilité d'aliments frais n'est pas garantie.

Quels que soient la durée et le lieu choisis, la cure de sommeil est un véritable baume pour le corps et pour l'esprit. Pour en profiter au maximum, il ne faut pas craindre de perdre du temps à rester au lit et cultiver le plaisir de s'y prélasser. Même s'il y a apparence de paresse, c'est tout le contraire qui se produit puisque le corps en repos prolongé se met en mode de réparation continue avec une activité interne intense.

DEUX INGRÉDIENTS ESSENTIELS : LE CONFORT ET LE CALME

Puisque le temps passé au lit est long, si le confort n'y est pas, cela peut s'avérer incommodant et même parfois difficile. C'est pourquoi le bien-être physique et l'ambiance jouent un rôle essentiel. Un plus grand confort favorisera un plaisir amplifié. Il importe donc de soigneusement planifier tous les détails avant la cure, afin d'éviter des ajustements par la suite.

Il n'y a pas de place pour les désagréments, les contrariétés ou les préoccupations. Aucune forme de stress, d'agitation ou d'anxiété ne doit s'immiscer dans l'environnement. Le calme et la quiétude sont de mise.

Le confort : dormir dans un palais

Lorsque la cure se fait chez soi, on peut considérer le lieu avec les plus grands égards. La chambre devient un palais et rien n'est trop beau pour les heures délicieuses que l'on y passera.

Lorsque la qualité du sommeil devient la priorité, il vaut la peine d'investir pour bénéficier d'une excellente literie. Une cure de repos équivaut à une période de vacances. Si l'on peut dépenser beaucoup pour partir en voyage, pourquoi ne pas investir autant d'argent dans la pièce consacrée à notre sommeil ? À la différence du voyage, les sommes investies dans la chambre à coucher continueront à servir tous les jours, même après la cure.

Dans le but d'améliorer le confort, certains éléments constituent des atouts majeurs. Parmi ceux-ci, il y a d'abord la literie comprenant le matelas, le sommier, les draps, les oreillers et les couvertures. Le tiers de notre vie se passe dans une pièce unique, pourquoi ne pas rendre ce lieu le plus agréable et confortable possible ?

Le lit joue un rôle primordial, car c'est lui qui accueille le corps épuisé. Plus on s'y sent bien, plus on a envie d'y rester. Les spécialistes recommandent de changer le lit tous les 10 ans au minimum, car après ce délai il aura perdu en moyenne 20 % de ses performances et sera moins adapté à l'évolution de la morphologie du corps. C'est aussi une question d'hygiène, car, en moyenne, une personne évacue plus de 150 litres d'eau par an pendant son sommeil. Les matières composant le lit qui ont rempli leur rôle de filtre pendant 10 ans perdent de leur efficacité au-delà de ce délai.

La technologie ayant beaucoup évolué ces dernières années dans le domaine des matelas, une investigation des choix possibles vaut la peine. Les divers types de matelas se distinguent selon les matériaux servant à leur composition : ressorts de métal, latex naturel ou mousse de polyuréthane. Chacun possède des caractéristiques qui correspondent aux besoins du dormeur.

Le matelas à ressorts offre un maintien tonique et ferme tout en assurant une bonne aération, ce qui permet de combattre la transpiration. Il existe différents types de matelas à ressorts, dont celui à ressorts ensachés. Ce dernier offre une grande indépendance de couchage lorsque deux personnes dorment ensemble. Cependant, pour les personnes sensibles aux champs électromagnétiques, il est recommandé d'éviter les structures et ressorts de métal.

Le matelas de latex est constitué d'une matière naturelle tirée de l'hévéa (arbre des régions tropicales). En plus de sa haute performance, ce matelas est sain, indéformable et d'une bonne longévité. Il offre un excellent maintien du dos et s'adapte à la morphologie. Le degré de fermeté dépendra de l'épaisseur du bloc de latex et de sa densité. Il est apprécié pour son accueil moelleux (moins rigide qu'une mousse synthétique) et sa grande durée de vie. Les matelas en latex naturel sont recommandés par les professionnels de la santé.

Le matelas fait de mousse de polyuréthane, en plus d'offrir un bon rapport qualité-prix, possède les mêmes attributs que les matelas de latex pourvu qu'il soit d'une densité élevée. Il existe différents types de matelas de mousse, notamment la mousse viscoélastique qui épouse bien la forme du corps. Certains disent que le matelas en polyuréthane augmente la transpiration et les charges électrostatiques. De plus, ce dérivé du pétrole contient des produits chimiques dont les émissions, accrues par la chaleur et l'humidité, peuvent causer des allergies.

Pour les douleurs lombaires, il ne faut pas lésiner sur la qualité. Plus le matelas est souple, plus il épousera les formes du corps. Concernant le degré de fermeté, un matelas moelleux est plus confortable et on y dort mieux. Un garnissage épais répartit bien la pression exercée par le corps sur la literie en limitant les points de compression et réduit ainsi les changements de position pendant la nuit. Il minimise les phases de réveil pendant le sommeil. Dans les cas d'allergie, il faut opter pour les matelas avec garnissages traités.

Le choix du sommier, qu'il soit à lattes ou à ressorts, est aussi important. Le matelas et le sommier doivent être bien adaptés l'un à l'autre. À eux deux, ils permettent aux muscles et à la colonne vertébrale de se détendre. Quand un lit ne convient pas bien à la morphologie du corps, une douzaine de muscles travaillent en surplus pour refaire le cadrage de l'épine dorsale. Si l'on doit dormir à deux et qu'il existe une grande différence de taille et de poids, il est recommandé d'avoir deux matelas individuels sur un même sommier.

Pour les draps, les couvertures et le couvre-lit, les choix abondent aussi. Les préférences individuelles jumelées aux caractéristiques des tissus seront des éléments à considérer. Les fibres fréquemment utilisées pour la confection des draps sont le coton et le polyester. Bien qu'ils soient moins courants, il existe aussi des draps en lin ou en soie, jumelés à d'autres fibres. Chacune de ces fibres possède des propriétés particulières.

Parmi les fibres naturelles, les draps 100 % coton sont reconnus pour leur confort et leur douceur. Excellents en toute saison, ils absorbent l'humidité et prennent rapidement la température du corps. Côté qualité, le coton peigné ou brossé offre une matière plus douce et plus fine, qui résiste mieux à l'usure. Le nombre de fils au pouce carré sert d'indice pour évaluer la qualité du tissu. Plus il y a de fils à l'étape du tissage, plus le tissu sera résistant à l'usure. En général, on trouve des draps de 125 à 400 fils au pouce carré, mais on peut aller jusqu'à 1000 fils pour obtenir un drap au toucher de satin. Pour les personnes frileuses, la finette de coton ayant subi un grattage pour en extraire légèrement la fibre et lui donner son aspect moelleux, est idéale pour les nuits d'hiver.

Les draps confectionnés à partir de fibres synthétiques comme le polyester sont moins coûteux, mais comportent des inconvénients. Ils absorbent peu l'humidité et ne favorisent pas l'aération. De plus, l'électricité statique causée par le frottement des fibres synthétiques dévitalise le corps à cause des microchocs électriques qu'elle provoque.

Pour le choix des couvertures, les éléments à considérer sont l'aération et le poids. Que ce soit un édredon, une courtepointe ou une couette, on doit penser à la chaleur et à la légèreté. Frissonner durant la nuit peut tenir éveillé et trop de poids diminue la circulation sanguine et force le corps à bouger, causant ainsi de nombreux éveils. La couette offre une excellente légèreté tout en assurant une chaleur adéquate selon la saison. Parmi les choix de rembourrage, on trouve le duvet d'oie ou de canard, la laine ou la fibre synthétique.

La couette en duvet, grâce à la structure tridimensionnelle des plumes et à leur aptitude à gonfler, emmagasine plus d'air par rapport à son poids que n'importe quel produit en laine ou en fibres synthétiques. Avec ses barbules pelucheuses qui s'entrecroisent et s'imbriquent pour former une couche d'air, le duvet retient la chaleur et repousse le froid en même temps. Le plumage recommandé est celui des oiseaux les plus gros, dont l'oie. Le duvet s'adapte aux contours et aux besoins de chaleur du corps, tandis que les fibres synthétiques ou la laine restent rigides et donnent une chaleur statique.

Parmi les accessoires, la couverture électrique chauffante n'est pas conseillée. Même si elle procure une chaleur additionnelle, elle émet un rayonnement électromagnétique qui peut être nocif pour l'organisme.

Le choix de l'oreiller est également important, car il doit bien répartir le poids de la tête, quelle que soit sa position, en plus de maintenir l'alignement de la colonne vertébrale. Les différents modèles varient selon la forme (oreiller standard ou traversin), le remplissage – naturel (duvet, plumes, écailles de sarrasin, ou mousse naturelle de latex) ou synthétique (fibre ou mousse de polyuréthane) – et la densité (souple ou ferme). De forme traditionnelle ou ergonomique, l'oreiller doit favoriser la relaxation des muscles de la nuque et des épaules. Certains modèles orthopédiques offrent un soutien anatomique adapté à la courbure du cou. Il semble que les oreillers en duvet (d'oie ou de canard) sont recommandables à cause de leur adaptabilité à toutes les positions du corps.

Une literie de qualité témoigne du respect qu'on accorde au sommeil et constitue un investissement judicieux pour assurer le confort du corps physique. Il convient d'autre part de favoriser le bien-être intérieur en veillant à une ambiance qui reflète la paix et le recueillement.

Le calme : dormir dans un temple

Afin de profiter au maximum de la cure de sommeil, il est important de s'attarder à un autre aspect du lieu : son ambiance. « Le sommeil, loin d'être un simple temps de repos, est donc une composante essentielle de la vie, un temps qui nous permet de nous construire et, loin du tumulte de l'éveil, de retrouver notre unité et notre cohérence », explique le Dr Danielle Teszner[1]. Pour que dormir ait cette fonction quasi spirituelle, il faut que la chambre puisse devenir un temple où le temps s'arrête, la quiétude s'installe et le sacré règne.

La couleur des murs incite au recueillement lorsque des teintes pastel créent une ambiance de douceur. Pour la décoration, les tableaux doivent être inspirants, car ils sont les dernières images qui restent en mémoire au moment de la grande envolée dans le monde du rêve.

Pour préserver le côté sacré du sommeil, rien autour de soi ne doit convier au travail. Il est préférable que l'ordinateur, le téléphone cellulaire et l'agenda ne soient pas dans la chambre à

---

1. Dr Danielle Teszner, *Savoir dormir,* Flammarion, 2004, p. 11.

coucher. Aucun désordre ne doit perturber la vue : pile de vêtements, de livres, de magazines ou d'objets. Un espace ordonné reflète le dégagement intérieur que l'on veut atteindre. L'œil doit capter l'harmonie et la beauté.

Les fenêtres représentent l'ouverture sur l'extérieur. Tout en étant agréables à voir, les tentures, les rideaux ou les stores doivent s'ouvrir aisément pour laisser entrer la lumière de jour et être suffisamment opaques pour maintenir l'obscurité, surtout pour les personnes qui dorment le jour.

Considérer sa chambre comme un palais et un temple, c'est aborder sa cure de sommeil dans un état d'esprit bien particulier et porter à son corps une attention spéciale. Ces deux ingrédients sont indissociables d'une cure de repos profitable.

UNE MISE EN CONDITION DE L'ESPRIT ET DU CORPS

Brève ou longue, la cure de sommeil sera d'autant plus efficace que certaines conditions seront respectées. Parmi celles-ci, mentionnons les dispositions psychiques, relatives à l'esprit, et les dispositions physiologiques, relatives au corps. Certains préalables aident à mieux vivre la cure de sommeil. Parmi ces conditions, l'ouverture d'esprit et l'état émotionnel feront une grande différence sur les résultats finaux. La combinaison de ces deux éléments permettra à la séance de repos d'être plus profitable sur tous les plans, du physique au spirituel.

Dormir pour guérir

Dormir un minimum d'heures est requis tous les jours pour fonctionner normalement. Le sommeil minimum est un sommeil de survie. Le sommeil additionnel est perçu de différentes façons selon les croyances et les préjugés. Pour certaines personnes, dormir longtemps est synonyme de paresse, de fuite, de maladie ou de dépression. Cela est vrai dans certaines circonstances, mais cette vision négative du repos peut induire un sentiment de gêne, de honte ou de culpabilité face au sommeil prolongé.

Éprouver le besoin de dormir plus longtemps qu'à l'habitude est un signal sain. L'enfant le sait par instinct et, lorsqu'il est malade, il reste au lit et dort de nombreuses heures. Souvent, il refuse de manger dès qu'il couve un rhume ou que la fièvre se manifeste. Son corps lui dicte ainsi la meilleure chose à faire. Grâce à un repos prolongé accompagné d'un minimum de digestion, il permet à son organisme de combattre l'infection, d'éliminer l'envahisseur microbien ou viral et de se refaire des forces.

Compte tenu des conséquences de la dette de sommeil énoncées au chapitre précédent, le repos additionnel que l'on s'accorde volontairement doit être perçu comme un moyen de prévention. C'est pourquoi la première attitude consiste à accepter de dormir sans culpabilité. Cette acceptation sera possiblement atteinte en concevant la cure de sommeil comme une prescription à respecter pour soigner un corps épuisé. Il s'agit de considérer les conseils de notre médecin intérieur qui prescrit trois à sept jours de sommeil d'une durée de 10 à 14 heures consécutives. Tel un patient obéissant, il ne reste qu'à respecter la posologie et à dormir avec délices sans se sentir coupable de rester au lit toutes ces heures. Chaque moment passé dans l'immobilité, bien endormi ou simplement allongé en état de rêverie, représente une thérapie dont le corps se délecte avec jouissance et que l'esprit savoure avec joie.

Tout comme l'animal malade ou blessé s'isole, dort et jeûne pour retrouver la santé, le dormeur épuisé s'isole dans sa chambre, dort beaucoup et mange peu. Les fonctions curatives du sommeil se mettent alors en place dès que l'organisme n'est plus sollicité pour bouger, parler et manger. Le métabolisme au repos cède la place au pouvoir de guérison naturel qui existe en chacun. La salamandre, amphibien ressemblant à un lézard, se laisse pousser un nouveau membre lorsque ce dernier est perdu à la suite d'un combat ; de la même façon, en cure de sommeil, on se laisse pousser des forces nouvelles après les nombreux combats émotionnels que la vie moderne exige de nous.

Une fois que l'on s'est départi des incertitudes et de la culpabilité pour se placer dans un véritable état d'ouverture, il ne reste plus qu'à savourer cette thérapie naturelle qui représente aussi des vacances à peu de frais.

Dormir pour s'évader

Selon la durée de la cure, il faut identifier au départ les responsabilités que l'on met de côté volontairement. Cela implique de planifier son absence et parfois de déléguer certaines tâches pour avoir l'esprit tranquille.

Généralement, on n'apporte aucun travail en vacances et on tente de réduire au maximum les soucis quotidiens. Le même principe s'applique à la cure de sommeil. Il est important, durant ce répit, de laisser de côté les obligations quotidiennes et de s'adonner entièrement à la séance de repos programmé.

Une cure brève exigera moins de discipline, car on revient rapidement à ses responsabilités et l'on n'a pas à craindre que beaucoup de travail s'accumule pendant l'absence. Par contre, si la cure doit durer une semaine, il faut pratiquer le détachement et le lâcher-prise pour bénéficier au maximum de ses bienfaits. C'est pourquoi il est préférable d'entreprendre la cure de sommeil de longue durée à l'extérieur de chez soi. En demeurant dans son environnement quotidien, on reste prisonnier de ses habitudes et de ses automatismes.

Sur le plan émotionnel, la cure de sommeil devrait susciter un sentiment d'enthousiasme. On accueille le plaisir de rester au lit pour s'y prélasser et s'abandonner au sommeil réparateur. Telle une croisière vers des îles exotiques, on vogue sur le sommeil vers des rêves à la hauteur de nos attentes les plus audacieuses.

Même si une partie de l'activité onirique est la résultante du subconscient en action, il demeure que nous pouvons induire des rêves selon nos désirs du moment. En donnant une orientation précise au sommeil, des rêves créatifs se produiront. Des réponses, des solutions et des inspirations seront au rendez-vous chaque nuit durant la cure de sommeil, car les périodes de sommeil paradoxal augmentent au fur et à mesure que la durée du sommeil allonge.

En gardant l'esprit ouvert pendant l'expérience de cure, le travail de régénération ne sera pas entravé par un bouillonnement mental rempli de doutes et de craintes. Il suffira de se laisser aller aux besoins du corps qui connaît exactement le temps nécessaire pour effacer la dette de sommeil accumulée. Dormir sans se soucier du temps, voilà la tâche la plus importante à accomplir.

Prélude au sommeil

Au début de la cure de repos, il est possible que le stress soit tenace et nous empêche d'avoir un sommeil à la hauteur de nos attentes. La détente au coucher sera alors essentielle. Une douche, un bain relaxant, une musique apaisante, une lecture inspirante, un moment de méditation et certaines affirmations positives peuvent aider à accéder à une décontraction suffisante pour permettre l'endormissement.

Une douche très chaude permet de détendre les muscles. Elle élimine l'électricité statique accumulée sur le corps, due au frottement des fibres synthétiques des vêtements. De plus, l'écoulement de l'eau nettoie le champ magnétique et crée des ions bénéfiques à respirer avant le sommeil afin de régulariser ce dernier.

Un bain relaxant offre un moment de grande détente. En y ajoutant quelques gouttes d'huiles essentielles de plantes ou de fleurs (lavande, camomille, citron, etc.), l'effet sera plus prononcé. À la lueur d'une chandelle, allongé dans la baignoire, le temps n'existe plus. La relaxation physique ouvre la porte à la détente mentale.

Une musique apaisante est un excellent inducteur de sommeil. Les notes nous transportent dans des univers harmonieux et le rythme tranquille favorise le ralentissement des ondes cérébrales. L'activité du cerveau diminue et le sommeil peut se mettre en place.

Une lecture inspirante permet un déplacement de l'attention. Au lieu de penser aux problèmes à régler et d'entretenir une forme d'anxiété qui maintient l'éveil, on laisse son esprit divaguer vers une dimension plus agréable. De plus, les phrases d'un livre qui élèvent notre esprit vers des zones d'espoir ou d'émerveillement amènent un état de bien-être. Puisque chaque pensée génère une émotion, plus celle-ci est harmonieuse, plus la cohérence intérieure s'installe, facilitant la venue du sommeil.

Comme prélude au sommeil, la méditation apporte de nombreux bénéfices. Dans son livre intitulé *Guérir sa vie,* le Dr Jean Drouin mentionne que les recherches ont réussi à démontrer l'impact de la spiritualité sur la santé. Pratiquée quotidiennement sur une période de 10 ans, la méditation réduit de 60 % le risque de faire une dépression. « Ces études mettaient en lumière que la pratique de la méditation ou d'une activité spirituelle amenait une augmentation de la production de l'interleukine-6, un médiateur important du système immunitaire[1]. » Le Dr Bernie S. Siegel définit la spiritualité de la façon suivante : « La spiritualité, c'est la capacité de trouver le bonheur dans un monde imparfait et de s'accepter tout en se sachant imparfait[2]. »

Le passage de l'éveil actif au sommeil passif exige donc une période calme. Les différentes façons d'amorcer cette transition nécessitent un investissement de temps, mais le résul-

---

1. Dr Jean Drouin, *Guérir sa vie,* Éditions le Dauphin Blanc, 2006, p. 130.
2. Dr Bernie S. Siegel, *L'amour, la médecine et les miracles,* J'ai lu, 1989, p. 236.

tat en vaut la peine : un sommeil plus hâtif au niveau physiologique et plus ressourçant du point de vue psychique.

En plus de cette préparation au repos, certains choix durant la journée augmentent l'efficacité de la cure de sommeil. L'alimentation fait partie de ces choix et joue un rôle important durant la période consacrée à la régénération.

Les aliments qui soignent

La cure de sommeil étant en soi une parenthèse dans le quotidien, il est relativement aisé d'y jumeler des changements sur le plan de la nourriture. Une alimentation saine qui aura un effet synergique avec le repos prolongé est conseillée. Puisque la cure de repos a pour objectif de nous aider à retrouver la santé, pourquoi ne pas en profiter pour faire le plein de substances nutritives ? Ces réserves de nutriments serviront à maintenir un taux élevé de vitalité pour faire face au stress de l'après cure.

Des aliments frais et crus sont le *nec plus ultra* de la cure. Au lieu de consommer des mets longs à digérer, comme la viande et les produits transformés, on consommera plutôt des aliments vivants, comme les fruits frais, les légumes crus, les germinations, les noix en coques et les céréales complètes. Il est aussi préférable d'éliminer le sucre raffiné sous toutes ses formes (biscuits, gâteaux, poudings, etc.). Durant la cure, les produits laitiers peuvent être écartés en raison de leur pouvoir acidifiant. On sait qu'un corps acidifié possède moins d'énergie. Tout aliment alcalinisant sera recommandé : les fruits, les légumes et certaines céréales, dont le quinoa, le millet et l'orge.

L'alimentation moderne est constituée en grande partie de produits transformés (tout ce qui ne pousse pas dans la nature), additionnés de sucres, de colorants, de conservateurs et autres additifs chimiques. Ces aliments augmentent le taux d'acidité de l'organisme et, ce faisant, l'affaiblissent. Lorsqu'on mange trop d'aliments acidifiants, le corps essaye de se débarrasser de ces déchets nuisibles à l'aide de ses propres minéraux alcalins (calcium, magnésium, potassium), ce qui entraîne sa déminéralisation.

Il est recommandé durant la cure de repos d'éliminer les aliments contenant des levures, y compris le pain à base de blé. À l'inverse, tous les légumes (sauf le champignon), préférablement crus, et leurs jus, sont de précieux alliés pour combattre l'acidité.

Les fruits sont à privilégier au lever. Ils se digèrent rapidement dans l'estomac vide du matin, car ils nécessitent peu de transformation pour être assimilés. On peut en consommer à chaque heure qui précède le repas du midi, ils fournissent ainsi tout le glucose dont le cerveau a besoin. En plus des vitamines et des enzymes, les fruits frais contiennent beaucoup d'eau.

Une bonne hydratation est en effet essentielle pour poursuivre le nettoyage mis en place par le sommeil prolongé. Un grand verre d'eau au lever permettra de rincer le corps qui doit éliminer les cellules mortes en circulation et de le réhydrater après une longue nuit d'élimination. Si des fruits frais sont au menu de la première partie de la journée et plusieurs légumes par la suite, le corps sera bien hydraté. Sinon, de cinq à huit verres d'eau seront nécessaires.

Le corps a aussi besoin de certains acides gras, dits « essentiels », que l'organisme ne peut fabriquer lui-même et qu'il doit puiser dans l'alimentation. Ces bons gras agissent sur la constitution des membranes cellulaires, le fonctionnement du système cardiovasculaire, du cerveau et du système hormonal. Ils sont classés principalement en deux groupes : oméga 3 et oméga 6. Puisque les gras oméga 6 sont davantage présents dans l'alimentation moderne, il est important d'introduire des aliments contenant des oméga 3, que l'on trouve principalement dans des produits d'origine végétale et marine.

Le repas du midi peut être constitué de protéines végétales (noix, graines, légumineuses) ou d'un poisson gras riche en oméga 3 (saumon, thon, hareng, sardines, maquereau), accompagnés de légumes crus (en salade) ou cuits légèrement à la vapeur. Le menu du repas du soir peut être composé d'un plat cuisiné fait de céréales complètes (riz brun, quinoa, orge, millet, fèves de soja, etc.) auquel sont ajoutés des légumes. De plus, des huiles pressées à froid sont idéales et devraient être privilégiées à tout moment de la journée car, n'ayant pas subi de raffinage, elles ont conservé leurs précieuses substances (lécithine, caroténoïdes, stérols, vitamine E, etc.) et leurs matières aromatiques. Dans les soupes ou les potages, on ajoute l'huile seulement au moment de servir afin de ne pas la faire chauffer inutilement, ce qui détruirait une bonne partie des vitamines.

En plus des substances nutritives contenues dans les aliments vivants, on y trouve des molécules phytochimiques ayant un pouvoir anticancéreux. Le Dr Richard Béliveau, directeur du Laboratoire de médecine moléculaire de l'hôpital Sainte-Justine à Montréal, a coécrit un livre sur la valeur préventive et curative de certains aliments[1]. Les recherches ont démontré que de nombreux additifs alimentaires (nitrites, sulfites, colorants, etc.) présents dans l'industrie agroalimentaire ont des effets cancérigènes. Le Dr Béliveau estime que le tiers des cancers aurait pour cause l'alimentation. D'où l'importance de consommer davantage d'aliments qui protègent contre le cancer. On parle alors de nutrithérapie à cause des effets thérapeutiques de ces aliments.

Il est recommandé de manger tous les jours certains produits de la nature dont les propriétés phytochimiques réussissent à tuer ou à asphyxier les microtumeurs ayant le potentiel de devenir des cellules cancéreuses. Parmi les aliments thérapeutiques les plus efficaces à mettre au menu quotidien, on trouve les agrumes (oranges et pamplemousses), le raisin, les petits fruits (bleuets, framboises, canneberges), le brocoli, les choux de Bruxelles, le soja, l'avocat, le thé vert, l'ail et le curcuma. Par la nutrithérapie, on diminue ainsi les dommages à long terme que nous infligent le fast-food, la pollution et le stress.

En changeant temporairement ses habitudes de coucher, on s'offre une occasion en or d'en faire autant avec ses habitudes de repas. On parviendra peut-être ainsi, qui sait, à adopter plus définitivement un nouveau mode d'alimentation. En croquant dans des fruits frais le matin, en dégustant des salades aux couleurs vives accompagnées de noix le midi, en sirotant un bon thé vert durant les pauses et en savourant des potages variés

---

1. Dr Richard Béliveau et Dr Denis Gingras, *Les aliments contre le cancer,* Trécarré, 2005.

le soir, on redécouvre les multiples saveurs des aliments vivants. Au lieu de se sentir alourdi par une digestion pénible qui brûle notre énergie, on se sent vitalisé et bien nourri.

L'exercice qui nettoie

Après l'alimentation, ce sont les exercices physiques qui jouent un rôle prépondérant durant la cure de sommeil. Dans cette période de régénération, l'exercice quotidien permet de stimuler la circulation sanguine, ce dont, avec de longues heures de repos et donc d'immobilité, le corps a grandement besoin.

Pour garder la forme, il n'est pas nécessaire de se contraindre à courir un marathon ou de s'inscrire à un gymnase. Il suffit de bouger pendant un minimum de 30 minutes chaque jour. La marche, le vélo ou la natation sont d'excellentes façons de se dépenser.

L'activité la plus simple demeure la marche à l'extérieur, car elle est accessible à tous. Une cadence rapide permet de stimuler le système cardio-respiratoire. Plus la respiration est activée, plus les mécanismes responsables de l'élimination des déchets internes s'accélèrent, ce qui rend la cure de sommeil encore plus efficace. De plus, l'exercice pratiqué à l'extérieur synchronise l'horloge biologique, qui harmonise les rythmes d'éveil et de sommeil avec l'éclairage extérieur. Même par une journée nuageuse, la lumière naturelle demeure efficace pour la synchronisation hormonale.

Ces conseils énoncés, il ne reste plus qu'à présenter de façon méthodique le déroulement de la cure. Vous verrez ainsi concrètement comment instaurer les conditions les plus favorables à une régénération en profondeur par le sommeil prolongé.

LE DÉROULEMENT DE LA CURE

La durée du sommeil nocturne en période de cure doit se situer autour du calcul suivant : environ 50 % de plus que le temps habituel.

Sommeil habituel	Sommeil en cure
4 h	6 h
5 h	7 h
6 h	9 h
7 h	10 h
8 h	12 h
9 h	13 h
10 h	15 h
11 h	16 h
12 h	18 h

Le déroulement de la cure se fait de la façon suivante. Le premier soir on se couche à l'heure habituelle et on prévoit de rester au lit la durée choisie pour la cure.

Le lendemain, on démarre la journée avec des fruits. Les agrumes sont idéals pour commencer (orange, pamplemousse, mandarines, clémentines, etc.), suivis de ceux que notre instinct nous incite à choisir. En fruits entiers ou en jus fraîchement pressé, ils apportent les nutriments et l'eau dont le corps a besoin après une longue nuit de sommeil. À toutes les heures, on choisit un type de fruits à la fois et on les mange frais. La quantité peut varier selon l'appétit du moment. Ne pas les consommer en salade de fruits, car il y aura fermentation en plus de l'oxydation due à l'exposition à l'air, ce qui détruit plusieurs vitamines. Si un état de frilosité s'installe, on peut introduire des fruits séchés (dattes, figues, abricots, papaye, raisins, pruneaux, etc.) afin de fournir un apport calorique supplémentaire. Le glucose des fruits est directement assimilable et fournit rapidement de l'énergie au corps et au cerveau.

À partir de midi, on consomme des crudités accompagnées de quelques noix. Parmi les différentes variétés de noix, citons les amandes, les noisettes, les pacanes, les noix de Grenoble, du Brésil, etc. Elles sont riches en minéraux dont le potassium, le magnésium, le phosphore, le fer, le calcium, le zinc, le cuivre. Elles contiennent de nombreuses vitamines ainsi que des fibres, en plus des gras essentiels. Les noix constituent aussi une bonne source de protéines.

En avant-midi ou en début d'après-midi, on planifie une période de marche à l'extérieur pour bénéficier d'une synchronisation de l'horloge biologique grâce à l'éclairage naturel. Selon le degré de vitalité, un minimum de 30 minutes jusqu'à deux heures, d'un pas régulier ou rapide.

Il est important d'insérer des moments de lecture dans un lieu paisible. La lecture sert ici de nourriture mentale pour redonner de la vitalité spirituelle. Des livres de développement personnel sont des choix pertinents. Une liste de titres est présentée à l'annexe 3.

Pour les personnes créatives, il serait judicieux de prévoir des plages de temps pour écrire, peindre ou dessiner. Bien entendu, il existe d'autres activités qui produisent un effet harmonisant comme le chant, le jardinage, la décoration.

Il est important d'éviter les activités génératrices de stress, celles qui perturbent sur le plan émotionnel et qui sont exigeantes sur le plan intellectuel. La télévision et Internet sont à écarter autant que possible. Les émissions télévisées qui semblent apporter un divertissement sont trop souvent perturbantes du fait des mauvaises nouvelles qu'elles véhiculent (tragédies, cataclysmes, inquiétudes financières, etc.) et des images tristes ou violentes qu'elles déposent dans l'inconscient (téléromans dramatiques, films d'action, etc.). Comme il est important de cultiver la cohérence cardiaque pendant la cure de sommeil, tout ce qui perturbe l'harmonie est à proscrire.

Pour la sieste, il vaut mieux écouter son corps. Si une grosse dette de sommeil est accumulée, un besoin impérieux de faire une sieste se fera sentir. La durée devra être courte, maximum 30 minutes, pour ne pas hypothéquer le sommeil de la nuit suivante.

Suite à la prise continue de fruits, de noix et de légumes crus, le repas du soir sera plus consistant. Les deux options seront salade et poisson ou céréales et légumes. Un plat cuisiné avec une céréale complète, biologique de préférence (millet, quinoa, orge, riz brun), ou des légumineuses (haricots rouges, fèves de Lima, fèves de soja, lentilles, pois jaunes, pois chiches, etc.) auxquelles on ajoute des légumes selon les préférences. L'été, les légumineuses seront apprêtées en salade avec les légumes saisonniers.

Comme le blé entre dans la fabrication des très nombreux aliments (pâtes, pains, biscottes, gâteaux, biscuits), il sera éliminé durant la cure. Tous les produits transformés, sucrés et vinaigrés sont aussi à écarter. Puisque le chou est l'aliment anticancer le plus puissant, il est conseillé de l'insérer dans les salades (chou chinois, chou rouge, brocoli, chou-fleur) ou dans les soupes (choux de Bruxelles, navet, chou frisé, cresson). De façon régulière, on recommande de consommer un minimum de trois portions par semaine de ces légumes crucifères.

Dans les plats chauds et les salades, les huiles pressées à froid sont à privilégier. En variant différentes sortes d'huiles (olive, soya, canola, lin, arachide, tournesol, pépins de raisins, etc.), on s'assure l'apport d'une gamme plus grande de nutriments (lécithine, caroténoïdes, matières aromatiques, stérols, vitamine E, etc.) pour une meilleure santé. Les lipides, ces gras essentiels au bon entretien de la mécanique interne, ont plusieurs rôles. Ils participent à la structure des membranes de nos cellules, à la fabrication de certaines hormones et au transport des vitamines. Ces acides gras essentiels sont impliqués dans la croissance et interviennent dans la constitution et la conservation du cerveau.

Dans la soirée, aucun aliment ne sera consommé sauf un fruit si une fringale devient intolérable. Dormir l'estomac vide est le secret d'un sommeil réparateur.

Voici un exemple du déroulement d'une journée qui débute après une nuit de 12 heures de sommeil. Ce modèle avec un lever à 10 h comprend une demi-journée aux fruits dont le but est de favoriser un repos physiologique des organes de digestion :

	Activités	**Aliments**
10 h 00	lever	agrume (pamplemousse ou orange)
10 h 30	lecture	
11 h 00	activité artistique	petits fruits (fraises, bleuets ou framboises)
12 h 00		fruit doux (raisins, poire, pomme ou prune)
13 h 00	marche rapide	
13 h 30		fruit exotique : ananas, mangue ou papaye
14 h 00		grosse tranche de melon d'eau
14 h 30	sieste	
15 h 00	activité artistique	noix
16 h 00		crudités (carotte, céleri, poivron, etc.)
17 h 00	repas	poisson et salade d'épinards et d'asperges ou riz (quinoa, millet, orge) et légumes
18 h 00	marche lente	
19 h 00	lecture	
21 h 00	méditation	
21 h 30	rituel du coucher	
22 h 00	sommeil	

Pour les jours subséquents, on reprend un horaire semblable en variant les aliments et les activités. Plus les aliments sont diversifiés d'une journée à l'autre, plus la gamme des minéraux, vitamines et enzymes sera complète.

Courte et régulière, ou longue et occasionnelle, la cure de sommeil représente des vacances santé qui régénèrent le corps physique autant que spirituel. L'énergie dépend des choix que nous faisons à tous les instants. Un environnement sain, un corps actif et des pensées harmonieuses travaillent de concert pour augmenter la vitalité physique, mentale et spirituelle[1].

EN RÉSUMÉ

- La façon la plus simple d'éliminer une dette de sommeil est d'entreprendre une cure qui consiste à dormir plus longtemps.
- La durée de la cure peut varier : elle comporte, selon les besoins, entre 10 et 14 heures de sommeil par nuit et se prolonge, selon la disponibilité, de une journée à une semaine.
- La cure peut se faire chez soi ou ailleurs, l'important étant d'éviter les activités préoccupantes.
- Le confort du lit et l'ambiance de la chambre jouent un rôle majeur dans le bon déroulement de la cure.
- Une alimentation vivante est recommandée pour amplifier les bienfaits de la cure.

1. Nicole Gratton, *Les secrets de la vitalité,* Flammarion Québec, 2003.

- Le silence, la lecture et la méditation représentent une nourriture de choix pour le mental.
- La cure de sommeil est un congé précieux pour le corps et l'esprit.

CONFIDENCES

Dans ma jeunesse, j'avais souvent entendu dire qu'il est bon, de temps en temps, de « faire le tour du cadran », c'est-à-dire de rester au lit 12 heures d'affilée. Lorsque j'étais étudiante au cégep et que je me sentais parfois épuisée par de trop longues heures d'étude, il m'arrivait de pratiquer cette mini-thérapie du gros bon sens. Plus tard, dès que mon corps montrait des signes d'épuisement, j'optais aussi pour ce moyen rapide de récupération.

Durant ma formation pour devenir technologue en médecine nucléaire, j'ai beaucoup appris sur la physiologie du corps. Puis, au fil de mes nombreuses lectures sur la santé, le sommeil et le jeûne, j'ai été davantage informée sur les bienfaits du repos. À la suite de toutes ces informations, j'ai commencé à pratiquer la cure de sommeil.

Je suis donc devenue une adepte de la cure. De façon régulière je la pratique deux fois par année durant une semaine complète. De façon ponctuelle, j'adapte la durée selon la dette de sommeil du moment. Les 12 heures de sommeil que je m'accorde sont généralement de minuit à midi. Étant une couche-tard, minuit me convient parfaitement lorsque je fais une cure chez moi. Cependant, lorsque je suis dans un monastère, lieu paisible par excellence, je choisis l'horaire de 22 h à 10 h.

Les deux périodes que je préfère pour pratiquer la cure d'une semaine sont l'été et l'hiver. Durant les vacances d'été, je m'isole pendant sept jours dans un endroit propice au recueillement, un chalet ou un monastère. Dans le cas du chalet, j'y apporte une bonne quantité de fruits et de légumes frais que je mange au rythme d'un fruit par heure. Au repas du soir, je me prépare une soupe délicieuse faite de légumes et céréales dont l'effet est alcalinisant (quinoa, millet ou orge).

La cure pratiquée dans un monastère ou un couvent me demande une stratégie différente, car les repas y sont inclus. Le matin je ne vais pas à la salle à manger, qui ouvre trop tôt. J'évite ainsi la bonne odeur du déjeuner qui risquerait de trop stimuler mes enzymes digestifs. Ayant dans ma chambrette quelques fruits ramenés la veille, je vais les déguster dans la nature. Au repas de midi, je rejoins les autres et je me sers une généreuse portion de légumes en évitant les viandes et le pain.

L'hiver, c'est souvent chez moi que je fais la cure d'une semaine. Généralement au début janvier, juste après les célébrations du temps des fêtes durant lesquelles j'ai toujours trop mangé. Étant de nature gourmande, lorsque la bonne bouffe se présente à moi, j'ai tendance à me gaver. Lors des nombreuses réceptions de Noël et du jour de l'An, je ne peux m'empêcher de savourer en abondance tous ces mets préparés avec amour. Peu de temps après, mon corps m'envoie des signes de fatigue consécutifs à ces abus alimentaires. Grâce à la cure de sommeil planifiée et à la consommation d'aliments vivants, mon corps se met en mode d'élimination intensive. Cela se fait au moment de mon choix, avant qu'un rhume ne l'y force dans une autre circonstance moins appropriée.

Chapitre 4

LA SIESTE

Une collation bénéfique

Une bonne nuit de sommeil sert à recharger nos batteries internes. Le matin au réveil, nous sommes généralement en forme, prêts à recommencer une nouvelle journée. Le cerveau est apte à apprendre et à mémoriser, le corps est en mesure d'effectuer une activité ou un travail physique.

Plus tard, en milieu de journée, survient une phase moins efficace. Une soudaine baisse d'énergie se fait sentir. Un genre de « coup de pompe » nous assaille. Ce phénomène est normal et universel. En effet, il existe une zone d'hypovigilance qui se manifeste en mi-journée.

Cette baisse de vigilance n'est pas due à la digestion, bien qu'elle soit amplifiée en cas de repas copieux et gras. Si l'alcool s'ajoute au menu, l'effet est augmenté.

Après huit heures d'éveil, il s'agit tout simplement d'un changement normal de rythme afin de refaire le plein pour encore huit heures.

LES CYCLES DE JOUR

Notre corps et notre cerveau sont réglés par des rythmes internes qui gèrent notre horloge biologique. L'organisation dans le temps des fonctions internes de l'organisme porte le nom de *chronobiologie.*

La chronobiologie fut étudiée dans les années 1950-1960. Pour les chercheurs, le temps apparaît alors comme une dimension reliée à la physiologie du corps pour permettre d'établir l'horloge biologique interne. Ces rythmes sont génétiquement déterminés et sont synchronisés par les temps forts de la vie courante, dont l'alternance du jour et de la nuit. Suivant la durée de leurs cycles, on distingue différents types de rythme, dont le rythme circadien et le rythme ultradien.

Le besoin quotidien de sommeil répond au rythme circadien synchronisé avec la période de révolution de la Terre sur elle-même. Le mot « circadien » vient du latin *circa* qui signifie « autour » et *dies* qui signifie « jour ». Le rythme circadien a donc une durée d'environ 24 heures et il agit sur le besoin de sommeil et sur les sécrétions hormonales.

Le deuxième type de rythme se nomme ultradien. Sa durée peut varier de quelques secondes à quelques heures. Il gère certaines de nos fonctions biologiques : rythme cardiaque de 80 à 100 battements par minute ; rythme respiratoire de 15 à 20 respirations par minute.

À chacun son rythme

Tout comme le cœur et les poumons possèdent leur propre cadence, le cerveau a la sienne. Nous allons examiner deux de ses rythmes ultradiens : celui de huit heures et celui de 90 minutes. Chacun d'eux fait varier le type d'ondes cérébrales émises à différents moments de la journée et de la nuit. Ces rythmes ont un lien avec l'activité mentale, l'un est celui de la vigilance et l'autre, celui de la concentration. Pour mieux saisir ces variantes, la vigilance est couplée à la somnolence qui se manifeste après huit heures d'éveil et la concentration est jumelée à l'attention qui diminue après 90 minutes d'activité.

Durant le jour, des phases d'éveil actif, caractérisées par une grande vigilance, sont suivies de phases d'éveil passif pendant lesquelles l'efficacité diminue. Ces rythmes influencent nos performances et causent la sensation de fatigue ressentie en mi-journée. S'installe alors une somnolence naturelle qui ne dépend pas nécessairement du manque de sommeil. Elle est purement physiologique.

La somnolence est présente en début d'après-midi entre 13 et 16 heures et provoque une envie soudaine de faire une pause. Cet arrêt correspond généralement au moment de la sieste. Il coïncide avec un besoin naturel de récupération après une première période de huit heures d'éveil.

La sieste permet de couper la journée en deux afin de rester en forme et vigilant durant la seconde moitié. Ce besoin est présent à des degrés plus ou moins marqués à tous les âges. Il se traduit par le désir de profiter d'un moment de détente dont la durée varie selon la nécessité ou la disponibilité. Cependant, le besoin d'une récupération momentanée sera plus marqué si la nuit précédente a été courte ou de mauvaise qualité, générant une dette de sommeil.

L'autre rythme ultradien qui gère le cycle de la concentration cérébrale a une durée moyenne de 90 minutes (entre 60 et 120 minutes). Nous avons vu au chapitre 1 que plusieurs phases d'une durée de 90 minutes environ se succèdent pendant que nous dormons. Des phases de sommeil lent (léger et profond) sont suivies de sommeil rapide (paradoxal). Durant l'éveil, des phases d'éveil actif et d'éveil passif alternent aussi. Chacune de ces phases influence l'activité cérébrale.

Tel un muscle qui se contracte et se décontracte pour maintenir sa force, le cerveau module son activité, ce qui entraîne une variation du degré d'attention et de performance. Durant le jour, des cycles de repos et d'activité se relaient. Nous alternons entre des moments de vivacité et d'apathie, entre des périodes d'activité et de passivité, entre des étapes d'efficacité et de nonchalance.

Il nous arrive cycliquement de passer du mode d'émission (parole et action) au mode de réception (silence et inspiration). Une simple détente de une à cinq minutes, donc plus courte que la sieste, suffit pour atteindre cette décontraction cérébrale si bienfaisante.

Le cycle ultradien du cerveau va donc ponctuer la journée avec une variation continue sous forme de vagues. Ces vagues de concentration cérébrale auront des hauts et des creux. Cela implique que le niveau de performance n'est pas égal tout au long de l'éveil. En sachant comment se ménager des moments de détente diurne, il sera plus facile de donner le meilleur de soi à toute heure de la journée.

LA DURÉE DE LA SIESTE

La sieste est une période de détente diurne tout à fait normale que le corps exige à certains moments. Elle est nécessaire chez le jeune enfant, devient facultative chez l'adulte et augmente en fréquence chez la personne âgée. La sieste permet une distribution différente des cycles de repos et compense la diminution du sommeil nocturne.

Un enfant qui fait une longue sieste dort profondément, ce qui équivaut à une période de sommeil. Tandis que chez l'adulte, la sieste correspond plutôt à une période de relaxation. Il est important de ne pas s'endormir et de ne pas atteindre le sommeil profond. Si cela se produit, il peut s'ensuivre un état de lassitude et même un grand inconfort pour certaines personnes. C'est pourquoi la durée de la sieste devra respecter quelques règles.

La durée moyenne d'une sieste se situe entre 10 et 30 minutes et peut se produire plusieurs fois par jour. Dans le journal américain *The Journal Sleep,* on trouve une étude publiée en juin 2006 et conduite par des chercheurs de l'université Flinders en Australie qui aboutit à des résultats étonnants : la durée idéale pour faire la sieste et obtenir le maximum de bienfaits avec le minimum d'effets indésirables est de 10 minutes[1]. Cette courte détente apporte une amélioration des fonctions cognitives (attention, mémoire, concentration, etc.), efface les traces de fatigue et redonne de la vigueur. Ces bienfaits

---

1. Amber Brooks, Ph. D., Leon Lack, Ph. D., « A Brief Afternoon Nap Following Nocturnal Sleep Restriction », *The Journal Sleep,* 2006.

perdurent pendant plus de 155 minutes. Ce qui veut dire que l'on peut s'accorder une détende de 10 minutes toutes les deux ou trois heures pour demeurer fonctionnel et maintenir une meilleure performance.

Cependant, dans plusieurs pays chauds, on pratique la sieste sur une période plus longue. À titre d'exemple, en Espagne, la sieste dure de deux à trois heures, du fait qu'on aime y manger tard en soirée et aller au lit aux petites heures du matin. En plus de récupérer le sommeil manquant, la longue sieste de jour permet d'éviter de travailler sous une chaleur accablante.

Même si la sieste n'est pas populaire en Amérique du Nord, certaines personnes la pratiquent régulièrement. Dans un article du journal américain *USA Today* daté du 23 janvier 2006, on peut lire que la sieste fait partie de la routine quotidienne des joueurs de la ligue nationale de hockey (LNH). Leur journée se déroule de la façon suivante : entraînement le matin, suivi d'un repas copieux qui sera complété par une sieste d'au moins deux heures. Les joueurs reviennent en fin d'après-midi pour la préparation de la partie qui aura lieu en soirée. Une des équipes loue même des chambres d'hôtel près du lieu d'entraînement pour ceux qui demeurent loin. Selon cet article, la sieste d'après-midi est une tradition depuis les débuts du hockey majeur dans les années 1970.

Un petit somme qui fait du bien

La longueur de la sieste est un choix personnel qui dépend du caractère et des besoins ponctuels de chacun. Certaines personnes n'aiment pas pratiquer la détente de jour pour diverses raisons. Le simple fait de s'arrêter les rend passives et elles ont ensuite de la difficulté à reprendre leurs activités. Pour d'autres, ce sera un malaise physique comme un mal de tête ou l'envie de dormir plus longtemps qui les assaille.

Pour éviter les inconforts, il suffit généralement de réduire le temps de repos afin de ne pas atteindre la phase de sommeil profond. Une période de 10 à 30 minutes est suffisante pour apporter la détente souhaitée. Grâce à la relaxation musculaire et à la décontraction cérébrale, un relâchement bénéfique se produit à plusieurs niveaux. Un court laps de temps dans cet état est suffisant pour permettre une synchronisation des deux hémisphères du cerveau qui permet de retrouver un haut niveau d'acuité intellectuelle.

Lorsque le temps fait défaut pour s'accorder une sieste convenable, il est possible de pratiquer la pause-minute d'une durée de une à cinq minutes. Le simple geste de fermer les yeux quelques instants, de respirer profondément et de ne penser à rien, apporte un agréable relâchement mental. Cette courte trêve génère une relaxation minimale dont les bienfaits sont cumulatifs si nous l'appliquons plusieurs fois par jour.

LE LIEU DE DÉTENTE

Que ce soit pour une pause-minute ou une détente prolongée, le lieu pour la sieste doit être différent de celui où l'on dort habituellement. La raison est simple : nous possédons une mémoire corporelle et celle-ci peut interpréter le fait de s'étendre sur le lit comme un signal d'amorcer la descente vers le sommeil profond, ce qui n'est pas désiré. Il est donc préférable de choisir un autre endroit que la chambre. Cependant, si c'est le seul lieu disponible pour se retirer quelques minutes, on peut contourner ce désavantage en se couchant en travers du lit ou en s'étendant par-dessus les couvertures dans une position différente de celle de la nuit.

Quant aux autres lieux, les choix seront aussi diversifiés que votre créativité saura vous inspirer. Voici quelques possibilités.

À la maison :

- sur un divan ou un fauteuil inclinable ;
- sur une chaise longue de jardin ;
- dans un hamac ;
- sur un matelas d'exercice ;
- sur des coussins étendus au sol.

À l'extérieur :

- dans la voiture, sur le siège avant incliné ;
- dans la voiture, allongé sur le siège arrière ;
- sur un banc de parc ;
- sur le gazon ;
- sur la plage.

Au travail :

- dans un fauteuil de la salle de repos ;
- sur un matelas d'exercice dans un coin du bureau ;
- dans la salle de conférence inoccupée ;
- à son bureau les pieds surélevés.

La sieste peut se pratiquer de différentes façons : en position allongée, semi-assise ou assise. L'important est de permettre au maximum de muscles d'être relâchés.

Dans la position allongée, plusieurs postures sont possibles : sur le dos, bras et mains sur le ventre ou de chaque côté ; sur le dos, bras et mains relevées vers la tête ; sur le dos, les jambes surélevées ; sur le ventre ; sur le côté.

La position idéale à expérimenter est celle-ci : sur le dos, les mains sous la tête et les jambes surélevées. En plus de favoriser la circulation sanguine vers le haut du corps grâce à l'élévation des jambes, une meilleure oxygénation se produit grâce aux bras relevés permettant à la cage thoracique de s'ouvrir davantage. Si l'attention est aussi portée sur l'abdomen qui se gonfle et se dégonfle au rythme des respirations, un meilleur relâchement s'installe.

L'important durant la sieste est de trouver un moyen pour que la tête soit soutenue afin de détendre les muscles du cou qui maintiennent constamment le crâne en équilibre et de relaxer la nuque qui est en contraction perpétuelle. Le poids de la tête étant d'environ six kilos, les muscles du cou travaillent activement pour la supporter. Le cerveau est aussi très sollicité pour maintenir son équilibre. Ainsi, en éliminant la pesanteur de la tête, une précieuse quantité d'énergie est économisée.

Au cours d'une relaxation assise, voici plusieurs possibilités pour reposer les muscles du cou : tête déposée devant soi sur les avant-bras placés sur un bureau ; tête appuyée à l'arrière contre un mur ou reposée sur un appui-tête ; tête soutenue par les mains avec les coudes sur les genoux ou sur une table ; tête soutenue par une main lorsqu'un des bras est croisé sur le ventre ou appuyée sur les mains grâce aux bras relevés derrière la tête.

Les positions adoptées seront donc choisies selon l'espace et les conditions du moment. Dans un lieu calme et retiré, la sieste est un pur délice et facile à pratiquer. Dans un endroit bruyant et achalandé, elle est aussi possible, mais exige une plus grande capacité de faire abstraction de l'environnement en ignorant les sons et les mouvements autour de soi. Au début, cela demande de la pratique, mais avec le temps cette aptitude devient de plus en plus aisée.

LES SEPT FONCTIONS DE LA SIESTE

Même si elle est peu connue dans les pays industrialisés et un peu boudée par les gens affairés, la sieste apporte de nombreux bienfaits. Parmi ses nombreuses fonctions, en voici sept qui pourront vous inciter à la pratiquer au besoin :

1. la sieste reposante ;
2. la sieste relaxante ;
3. la sieste libératrice ;
4. la sieste inspirante ;
5. la sieste clarifiante ;
6. la sieste stimulante ;
7. la sieste unifiante.

1. La sieste reposante offre une détente bien méritée en mi-journée. Elle est la plus connue et sert à effacer une partie de l'épuisement accumulé depuis le lever et aussi à diminuer la fatigue résiduelle provenant d'une mauvaise nuit. Une détente de 10 à 30 minutes est précieuse pour refaire le plein d'énergie après huit heures d'éveil afin de poursuivre plus dynamiquement les activités en cours. Elle est aussi utile avant le repas du soir pour mieux profiter de la soirée, surtout pour la personne du type couche-tard qui a plusieurs tâches à finaliser

avant d'aller dormir. La sieste reposante assure une meilleure efficacité en procurant un regain d'énergie.

2. La sieste relaxante est essentielle pour diminuer le stress à tout moment de la journée. Il suffit de prendre une courte période de 5 à 15 minutes pour respirer profondément afin d'éliminer les tensions musculaires pouvant causer des inconforts physiques. Dans les moments exigeants, la sieste relaxante permet de reprendre haleine. Elle sert à calmer l'agitation intérieure qui risque de transformer le stress temporaire en stress chronique. Ce moment de relaxation défatigue le corps, délasse les muscles et détend le mental.

3. La sieste libératrice procure une évasion agréable du tourbillon de la vie. Elle a pour fonction de permettre un moment de liberté bien mérité. Dans l'accumulation des responsabilités, on s'oublie parfois et cela finit par peser lourd. Même si elle est très courte, une sieste de trois à cinq minutes permet de s'évader quelques instants. Il s'agit de savourer, sous forme de rêverie, une escapade dans un lieu paradisiaque. Assis confortablement ou allongé, les yeux fermés, le prodige de l'imagination fait son œuvre. On s'éclipse quelques instants de l'ambiance étourdissante ou étouffante du moment pour vivre ailleurs une minute de douceur ou de calme. On fausse compagnie aux préoccupations de l'heure pour goûter à la douceur d'une agréable divagation.

4. La sieste inspirante ouvre la porte aux idées créatrices. Elle est précieuse pour résoudre une difficulté ou favoriser l'inspiration. Lorsque la réflexion logique ne vient pas à bout d'un problème, il suffit parfois de fermer les yeux quelques instants, de penser à une activité qui génère du plaisir comme

une promenade sur une plage ensoleillée. Pendant que l'hémisphère gauche du cerveau, la partie rationnelle, lâche prise sur le problème, celui-ci est pris en charge par l'hémisphère droit, la partie intuitive. Cette dernière, qui fonctionne avec la vision globale, peut alors trouver la solution dans un instant de lucidité. Que ce soit pour un manque d'inspiration à l'écrit, la recherche d'une idée originale, la solution d'une énigme, la sieste inspirante vaut son pesant d'or. La créativité du cerveau intuitif se déploie facilement dans les moments de détente. Il suffit de lui ouvrir la porte lors d'une détente planifiée.

5. La sieste clarifiante sert à faire la lumière en période d'incertitude ou d'effervescence mentale. Elle est d'une aide précieuse pour démêler un ensemble de données. Il peut s'agir d'une série d'informations qui bombardent l'intellect dans un court laps de temps et qu'on doit décanter pour mieux les intégrer. Digérer les données fraîchement reçues exige un moment d'arrêt. La sieste clarifiante apporte cette trêve mentale. Lorsqu'une situation conflictuelle se présente ou qu'un doute s'installe, une pause-minute permet de voir clair grâce à un moment de silence intérieur. Une fois les pensées démêlées, on peut alors passer à autre chose.

6. La sieste stimulante a pour fonction de nous redonner le dynamisme nécessaire pour poursuivre les tâches urgentes à terminer ou importantes à accomplir. Lorsqu'une pensée négative sabote nos énergies, il s'ensuit parfois une démotivation qui nuit à la qualité du travail. L'ennui devient handicapant et génère parfois des pensées dépressives. Afin de désamorcer cette dégringolade de l'humeur, une courte sieste stimulante s'avère utile. La technique consiste à tout arrêter, trouver un espace en

retrait et fermer les yeux. Une série de respirations profondes accompagnées d'une visualisation gratifiante, comme celle d'un scénario où les gens qui nous sont chers nous expriment leur reconnaissance, réconforte le cœur et nourrit l'âme.

7. La sieste unifiante s'occupe de rétablir l'harmonie. Elle a pour but de créer une paix intérieure. Dans le tourbillon de la vie moderne où l'on doit souvent jouer plus d'un rôle à la fois, on finit par s'éparpiller. Ne sachant plus qui on est réellement, de multiples questions nous assaillent. La sieste unifiante ressemble à une méditation ou à une contemplation et permet de se recentrer. Les yeux fermés, il s'agit de se concentrer sur une image apaisante comme celle d'un lac totalement calme et d'y ajouter une pensée inspirante du genre « dans le plan divin tout est parfait ». L'effet d'harmonisation va bientôt s'installer, rappelant le fait que tout arrive à point si l'on reste connecté à soi. La sieste unifiante offre un moment de focalisation sur l'essentiel pour conserver l'unité intérieure.

POUR MIEUX BÉNÉFICIER DE LA SIESTE

Si la sieste est déjà une habitude, il est bon d'en connaître les bienfaits pour intensifier les résultats. Selon les besoins du moment, l'approche sera différente. Que ce soit pour détendre ou pour stimuler, pour libérer ou pour inspirer, la connaissance de nos attentes va favoriser de meilleurs résultats.

Les personnes qui hésitent à pratiquer la sieste ont avantage à l'expérimenter de temps en temps. Au début, il est préférable de commencer par de courtes périodes de détente. Cinq minutes après le repas de midi permettent à la digestion de bien faire son travail et à l'esprit de s'évader quelques instants. La reprise du travail ou des activités en sera plus agréable.

Les journées plus exigeantes seront propices à l'essai d'une sieste plus longue. Cette fois, une tentative d'une durée de 10 à 30 minutes permettra de vérifier le regain d'énergie que la pause relaxante apporte. Une plus grande vivacité d'esprit, une meilleure concentration et davantage de tolérance face aux situations incontrôlables, en seront le résultat concret.

Une fois cette expérimentation réussie, il suffit d'en faire une priorité dans l'agenda. Même s'il ne semble pas y avoir de plage de temps pour la sieste, un peu de créativité aidera à trouver une solution. En voici des exemples qui se pratiquent en position assise, les yeux fermés :

- réduire l'heure du repas de 15 minutes et se réfugier dans un lieu tranquille ;
- entre deux rendez-vous à l'extérieur, rester dans la voiture cinq minutes ;
- dans la salle d'attente du médecin ou du dentiste ;
- au cinéma, en attendant le début du film ;
- au restaurant en attendant la commande ;
- en tant que passager dans une voiture ;
- dans les transports en commun.

Accorder à notre cerveau un moment de répit est le plus beau cadeau que nous puissions lui faire. Il travaille pour nous 24 heures sur 24, car même durant le sommeil il gère toutes les fonctions métaboliques du corps dont la respiration, la circulation sanguine, les sécrétions hormonales, la régulation de la température du corps, les réparations organiques, la régénération cellulaire, etc.

Une simple détente, les yeux fermés, jumelée à des respirations profondes, apporte un précieux relâchement musculaire. Les situations exigeantes et stressantes provoquent de nombreuses tensions dans le corps. La relaxation rééquilibre ces tensions afin de les empêcher de devenir chroniques.

Une relaxation par le son

Pour les personnes qui n'aiment pas faire la sieste, voici un exercice de relaxation en position assise qui utilise le son. Cet exercice prend peu de temps et apporte une excellente régénération cérébrale pour retrouver la concentration et la disponibilité intellectuelle après une baisse de vigilance.

La détente s'exécute en trois phases en utilisant les sons en provenance des voyelles : A – I – O. La durée de chaque phase correspond à cinq respirations profondes et lentes suivies par le son de la voyelle lors de l'expiration.

Phase 1

Fermez les yeux et prenez une profonde inspiration durant laquelle vous gonflez le ventre au maximum. Au moment de l'expiration, vous prononcez le son « A » en prêtant attention aux points suivants :

- rentrez le ventre au maximum en faisant un creux vers l'intérieur ;
- à l'expiration, laissez tomber la mâchoire inférieure vers le bas ;
- sentez tous les muscles du visage qui se détendent ;
- imaginez un grand « A » qui se dessine du nez vers le menton allongé.

Recommencez cinq fois en pensant à l'abdomen en mouvement et à la mâchoire qui se décontracte de plus en plus.

Phase 2

Les yeux toujours fermés, inspirez en visualisant la région du cœur. À l'expiration, vous prononcez le son « I » en prêtant attention aux points suivants :

- imaginez un rayon de lumière qui entre et qui sort du cœur ;
- à l'inspiration, sentez la région du thorax qui s'ouvre de plus en plus ;
- pensez à ce qui génère de l'amour dans votre quotidien ;
- visualisez un grand « I » qui vous unit à l'univers.

Recommencez cinq fois en imaginant votre cœur qui respire comme un poumon.

Phase 3

Les yeux toujours fermés, inspirez en vous concentrant sur la région de la tête. À l'expiration, vous prononcez le son « O » en prêtant attention aux points suivants :

- imaginez un ballon rond qui occupe l'intérieur du crâne ;
- à l'inspiration, sentez la région du cerveau qui se remplit d'oxygène ;
- à l'expiration, voyez un mouvement de turbine qui génère de l'énergie cérébrale ;
- visualisez un grand « O » qui occupe l'intérieur de la tête.

Recommencez cinq fois en imaginant votre cerveau qui respire comme un poumon. Ce mouvement sert à stimuler tous les neurones et à activer votre créativité.

La pratique de la respiration à partir des trois centres d'énergie, abdomen, cœur et cerveau, crée une puissante harmonie intérieure : le senti du ventre, l'ouverture du cœur et la créativité de la tête. Une plus grande cohérence personnelle entre l'instinct (ventre), les émotions (cœur) et l'intelligence (cerveau) s'installe alors pour se synchroniser à la cohérence universelle.

Pratiqué durant la journée, l'exercice A-I-O diminue les tensions du corps, apaise l'esprit et réduit la fatigue. Il stimule les centres énergétiques pour une plus grande complicité entre eux. Cet exercice peut se jumeler à la méditation du matin pour débuter la journée. Il apporte alors un sentiment de maîtrise personnelle et permet une meilleure réceptivité de l'intuition et de la créativité tout au long de la journée.

Accompli avec le rituel du coucher, l'exercice A-I-O peut servir à la détente du soir pour accueillir le sommeil. Grâce à l'apaisement du mental, qui parfois demeure hyperactif malgré la grande fatigue accumulée, l'endormissement est facilité. Cet exercice est aussi utile pour enlever les tensions du corps, surtout celles de la mâchoire qui souvent causent le grincement de dents durant le sommeil, qu'on appelle bruxisme. Ce trouble mineur du sommeil est généralement causé par un haut niveau de stress durant la journée.

La sieste à la portée de tous

Le jour où la société admettra que la sieste est bénéfique pour le rendement général, nous assisterons à une révolution de la performance. Autant pour la maman à la maison qui se donne entièrement à sa famille que pour le P.D.G. qui doit prendre des décisions importantes, autant pour l'artiste stressé qui monte sur scène lors d'une première que pour le travailleur qui accomplit des tâches exigeantes, la sieste offre gratuitement une détente et un supplément d'énergie.

Le jour où les entreprises mettront à disposition des locaux pour la sieste, les employés seront de meilleurs collaborateurs à leur succès. Le niveau de performance des travailleurs augmentera et les erreurs professionnelles diminueront. De plus, les accidents de travail seront à la baisse de même que le taux d'absentéisme. Une étape est déjà franchie dans ce sens au Japon puisque le *Washington Post* rapporte que certaines écoles et plusieurs entreprises y ont adopté la sieste [1]. À l'école secondaire Meizen de Fukuoka, les élèves se servent de leur pupitre pour savourer les 15 minutes de repos quotidien permettant une meilleure concentration durant la deuxième partie de la journée. Les professeurs se joignent à eux, après avoir tamisé l'éclairage et mis un morceau de musique classique. La direction, quant à elle, se réjouit devant l'augmentation des moyennes des élèves et la diminution du décrochage. Chez Toyota, à Tokyo, on combine économie d'énergie et gain de productivité en éteignant les lumières des bureaux à l'heure du lunch. De plus, les « salons de sieste » se sont multipliés au Japon, offrant aux travailleurs épuisés un havre de paix pour environ 5 $, des frais que plusieurs compagnies d'assurance couvrent désormais.

Le jour où quelqu'un rendra populaires les bars à sieste, nous verrons que la restauration énergétique pourrait devenir aussi lucrative que la restauration alimentaire. Ces lieux offriraient des massages sur chaise et seraient équipés de fauteuils

---

1. Anthony Faiola, « Nation of Workaholics Sleeps on the Job », *Washington Post Foreign Service*, 21 juin 2006.

vibrants. Grâce à un microprocesseur, ces nouveaux fauteuils offrent des programmes automatiques de massage personnalisé. Bercé par une musique douce et des odeurs rappelant la nature, on pourrait y savourer des jus de fruits et de légumes fraîchement extraits de la centrifugeuse.

Vive la sieste à toute heure et en tous lieux !

EN RÉSUMÉ

- La sieste est un moyen efficace de réduire la dette de sommeil.
- Une fois par jour, en mi-journée, la sieste permet une revitalisation rapide.
- La durée idéale d'une détente diurne varie de 10 à 30 minutes.
- En cas de manque de sommeil, la sieste peut se prolonger jusqu'à deux à trois heures.
- La pause-minute d'une durée plus courte peut se pratiquer plusieurs fois par jour afin d'augmenter la performance.
- Les détentes de jour se font en position assise ou allongée.
- Chez soi, au travail, dans la voiture ou dans une salle d'attente, la sieste est un repos physique et psychique.

CONFIDENCES

J'avoue que je suis une grande adepte de la sieste depuis de nombreuses années. Elle est ma douce trêve lorsque mon corps ressent de la fatigue ou que mon cerveau reste accroché à une idée. La sieste représente un agréable moment de décrochage qui me permet de revenir ensuite à mes occupations avec un précieux regain d'énergie.

Je pratique la sieste au moins une fois par jour. Comme je suis une couche-tard et que l'avant-midi est généralement calme et reposant, je m'accorde une détente de 30 minutes en fin d'après-midi. Puis, en soirée, comme j'aime travailler tard, je fais une mini-pause de cinq minutes toutes les heures afin de bénéficier d'une meilleure concentration le plus longtemps possible.

Ma position préférée pour la sieste à la maison est celle où je m'étends sur le dos, les jambes surélevées sur l'accoudoir du sofa, les mains sous la nuque. Je respire profondément en laissant mes pensées voguer sans but précis. Je perçois instinctivement que la détente cérébrale est accomplie lorsqu'une perte temporaire de la notion du temps s'installe.

Au cours de mes déplacements pour aller donner des conférences ou des formations, je planifie mon horaire pour arriver au moins 30 minutes avant l'événement et je me détends dans ma voiture. Cette sieste a deux objectifs précis. Le premier est de me reposer du trajet parfois long et stressant lorsque je me rends dans un lieu inconnu. J'efface donc une fatigue physique et psychique afin d'être plus performante lors de ma présentation. Le deuxième objectif consiste à me centrer intérieurement, à harmoniser mes pensées, dans le but d'être totalement disponible aux gens que je vais rencontrer durant les heures suivantes. Après l'événement, si je dois effectuer plus de deux heures de route, je fais une courte sieste dans ma voiture stationnée dans une aire de repos.

Les détentes diurnes adaptées à mes activités sont précieuses pour m'aider à maintenir une plus grande vigilance. Je les déguste à toutes les sauces : en fermant les yeux lorsqu'une annonce publicitaire passe à la télé ; en respirant profondément pendant que le dentiste s'affaire dans ma bouche, en me relaxant durant un trajet en autobus ou en avion.

Chapitre 5

LE BÂILLEMENT

Un complément tonique

Le sommeil et la sieste permettent de récupérer, totalement ou en partie, l'énergie dépensée pendant l'éveil. Cependant, lorsque ni l'un ni l'autre n'est envisageable, à quoi avons-nous accès pour obtenir un petit regain de vitalité ? Le bâillement, tout simplement.

Le bâillement est un réflexe naturel qui existe chez tous les humains et chez certains animaux (les vertébrés). Il se met régulièrement en place dans le but de stimuler le cerveau dans les périodes de fatigue ou d'ennui. Le sang ayant trop de mal à irriguer le cerveau et à apporter l'oxygène indispensable à son fonctionnement, il se produit un déséquilibre oxygène/dioxyde de carbone. En provoquant une profonde inhalation, le bâillement rétablit ainsi le niveau d'oxygène dans le sang. Bâiller permet entre autres de lutter contre une baisse d'énergie physique ou psychique en stimulant le cerveau.

Le bâillement est un comportement, d'origine génétique, qui se compose d'une respiration profonde par la bouche accompagnée d'étirements musculaires. Un grand spécialiste français du bâillement, le Dr Olivier Walusinski, a écrit plus de 500 articles et un livre sur le sujet[1]. Sur son site Web, une abondance d'informations agrémentée d'une riche iconographie permet une meilleure compréhension de ce phénomène intrigant[2].

UN RÉFLEXE NATUREL

Quel est cet automatisme qui se pointe sans crier gare ? Chez soi, au travail ou en public, le bâillement est plus ou moins bienvenu selon les circonstances. En pleine conversation ou durant une réunion importante, une envie soudaine de bâiller peut devenir très gênante. Par peur d'être inconvenants ou impolis, nous tentons de réprimer cette envie naturelle. Les mâchoires serrées et les yeux mi-clos, nous retenons le besoin d'ouvrir la bouche, car ce mouvement risque de choquer ceux qui nous font face. La crainte que le bâillement soit interprété comme un signe d'ennui nous force à le cacher. Pour d'autres, le bâillement est vu comme un indice de fatigue qu'il n'est pas convenable de laisser paraître.

Le bâillement spontané

Le bâillement que l'on ne peut pas éviter possède de nombreux bénéfices pour notre bien-être. Comme il a été dé-

---

1. Dr Olivier Walusinski, *Bâillements et pandiculation,* Éditions Oscitatio, 2004.
2. www.baillement.com

montré dans les chapitres précédents, nous sommes soumis continuellement à des rythmes internes et la manifestation du bâillement en fait partie.

Nous n'avons aucun contrôle sur l'action de bâiller, car le corps sait mieux que nous ce dont il a besoin. D'ailleurs, lorsque nous laissons le bâillement se manifester totalement, il nous procure un sentiment de grand bien-être favorisant un état de plénitude. Ce moment de décontraction généralisée apporte une sensation de jouissance, qu'il vaut la peine de savourer pleinement.

Dans une société où la performance est valorisée, toute manifestation de baisse d'énergie dénote une faiblesse non acceptable. À l'image d'une machine bien réglée, nous devrions démontrer un niveau égal de performance à toute heure de la journée. De telles attentes sont irréalistes, car notre corps ne fonctionne pas ainsi.

Au niveau physiologique, notre degré d'énergie fluctue selon les circonstances et les rythmes internes. Après un bon repas, en période de fatigue ou de besoin d'oxygène, une série de bâillements se manifeste naturellement. Lorsque la séquence variant de peu à beaucoup est terminée, on se sent ragaillardi. Cela permet de poursuivre efficacement les activités en cours. Tel un bon tonique, le fait de bâiller revigore. Le corps sait ainsi reconnaître le moment propice pour déclencher cette action tonifiante qui détend et stimule à la fois. Bâiller est naturel.

Le bâillement mimétique

Le bâillement est aussi contagieux, car selon la sagesse populaire, un bon bâilleur en fait bâiller sept. On parle ici de mimétisme instinctif. Lorsqu'une personne amorce un bâillement, cela déclenche très souvent le même réflexe chez les autres dans les minutes qui suivent, à la condition bien sûr que le corps de ces personnes en ressente le besoin.

Des études ont démontré que 55 % des spectateurs d'une vidéo montrant 30 bâillements successifs vont bâiller dans les cinq minutes. Ce mimétisme fait appel à l'inconscient de la personne qui en est témoin. Cela se produit donc lorsque la fatigue est présente, la vigilance diminuée ou la concentration réduite.

Un bâillement suggéré par autrui est un cadeau puisqu'il nous rappelle que notre corps en a aussi besoin. Le stress peut parfois nous couper de nos besoins physiologiques. Heureusement que notre cerveau, grâce aux neurones miroirs qui exécutent ce qu'ils voient, sait reconnaître ce qui nous fait du bien. À la vue d'une autre personne bâillant, il se souvient qu'il est temps d'en faire autant. Nous devrions en être reconnaissants au lieu d'en vouloir à la personne qui amorce la contagion.

LA MANIFESTATION DU BÂILLEMENT

Le déroulement du bâillement comporte plusieurs actions qui se succèdent selon des séquences différentes en fonction des besoins du moment. Certaines parties du corps sont directement impliquées et la chimie du cerveau y participe aussi.

Un automassage bienfaisant

Lors du bâillement, en plus d'une grande ouverture de la bouche, il se produit un mouvement d'étirement des muscles respiratoires du visage et du cou. Le larynx et le pharynx s'élargissent, atteignent un diamètre quatre fois plus grand qu'à l'habitude, et une contraction massive du diaphragme provoque une inspiration très ample. Au niveau de la mâchoire et des muscles de la nuque se produit une série d'étirements et de contractions agissant tel un massage.

Au niveau des yeux, lors du bâillement, quelques larmes perlent à cause de la compression du canal lacrymal. Ces larmes permettent d'humidifier l'œil et soulagent agréablement la sécheresse oculaire.

Pour le reste du corps, des étirements des membres supérieurs interviennent à l'occasion. On allonge les bras vers l'avant ou vers le haut. On envoie la tête vers l'arrière et on gonfle le thorax. Même l'étirement des jambes y participe parfois. Ces mouvements associés aux bâillements se nomment pandiculation. Ils délassent les muscles tendus et stimulent la circulation sanguine après une longue période d'immobilité.

L'audition est également affectée par le bâillement. En effet, les trompes d'Eustache qui relient l'oreille aux voies respiratoires s'ouvrent momentanément, entraînant ainsi une baisse temporaire de l'audition. Les sons étant amoindris, le cerveau réduit son travail d'interprétation et de classification des bruits ou paroles venant de l'environnement et bénéficie d'une mini-pause.

Lors du bâillement, on émet parfois des sons. Ces bruits d'intensités variables sont plus ou moins volontaires selon la situation et permettent un défoulement bienfaisant. La créativité de chacun offre différents types d'émissions sonores qui sont libératrices et déstressantes. Certaines personnes font même des vocalises amusantes qui détendent l'atmosphère autour d'elles.

La respiration amplifiée due au bâillement et les mouvements des muscles sont des fonctions mécaniques agissant comme un véritable drainage interne pour activer la circulation, diminuer le stress et favoriser une détente temporaire.

Des endorphines gratuites

Différents circuits neurologiques sont aussi impliqués dans la manifestation du bâillement. Parmi les substances chimiques sécrétées, des chercheurs ont identifié de nombreux neurotransmetteurs qui partent du cerveau pour se rendre aux muscles et aux organes. Ils ont décelé entre autres des endorphines, les hormones qui s'occupent de procurer du plaisir. Ces neurotransmetteurs ou molécules chimiques exercent un effet comparable à la morphine. Elles induisent un bien-être instantané, ce qui expliquerait le sentiment de plénitude qui accompagne le bâillement.

LA FRÉQUENCE DU BÂILLEMENT

Le réflexe du bâillement commence très tôt chez le fœtus. En effet, des échographies ont montré que celui-ci bâille dès la douzième semaine de grossesse. Il semble que cela lui permette de développer ses voies pulmonaires.

Dans ses écrits, le Dr Walusinski explique que la fréquence des bâillements diminue avec l'âge, tout comme la durée de sommeil. Chez l'enfant, le bâillement est aussi en relation avec les rythmes scolaires et les habitudes de vie. Lors du passage de l'école maternelle au primaire, la proportion d'enfants bâilleurs croît significativement. L'augmentation se manifeste surtout en début de matinée. Cela s'explique par le fait que l'apprentissage de la lecture et du calcul nécessite une attention soutenue et des efforts mentaux importants.

Bâiller est un réflexe contagieux. On peut y être entraîné en y pensant simplement, en lisant sur le sujet ou en voyant quelqu'un d'autre bâiller. Cependant, pour que le bâillement se déclenche, le niveau de vigilance doit être diminué et l'autre doit être perçu de façon consciente ou inconsciente pour capter un bâillement par ses composantes visuelles (bouche ouverte) ou sonores (bruits de la ventilation).

Une fois le bâillement perçu, son déclenchement est involontaire. Une série plus ou moins longue se met en place et il ne reste plus qu'à attendre que l'envie de bâiller cesse tout en profitant du contentement qu'il procure. Même si le bâillement ne peut être empêché, on peut le moduler par la volonté, soit en accentuant toutes les phases, soit en minimisant l'ouverture de la bouche et l'expiration.

Petits et grands bâilleurs

La durée du bâillement est fixe chez chaque individu. Cette caractéristique est génétique et chacun possède son modèle individuel. Cependant, il existe des petits bâilleurs (fréquence faible) et de grands bâilleurs (fréquence élevée). Généralement, le bâillement se produit de 20 (petit bâilleur) à 50 fois (gros bâilleur) de suite et la durée varie de 5 à 10 secondes chacun.

Le temps entre deux séries de bâillements varie de 60 à 120 minutes pour une moyenne d'environ 90 minutes. Cela correspond au cycle qui fait apparaître le sommeil paradoxal après 90 minutes de sommeil lent. C'est comme si, à chaque heure et demie, le cerveau avait besoin d'un petit congé, d'une séance d'évasion. La nuit, un rêve apparaît dans la conscience du dormeur. Le jour, un bâillement arrive avec une baisse de concentration propice à une rêverie agréable.

Le bâillement survient lorsqu'on est fatigué ou qu'on s'ennuie. Il se manifeste aussi au réveil et à l'endormissement, parfois à l'approche des repas et souvent après une bonne bouffe.

Les facteurs qui favorisent les bâillements sont l'ennui, générateur d'une diminution de la vigilance, la fatigue occasionnée par un effort ponctuel ou par un manque de sommeil, la digestion trop pénible, une baisse d'oxygène dans une pièce et une chaleur excessive. D'autres conditions peuvent aussi augmenter le besoin de bâiller : la grossesse, le jeûne, le mal des transports, un malaise vasovagal (diminution de la fréquence cardiaque et hypotension). Au cours d'un voyage en avion, bâiller permet de rétablir l'équilibre de la pression dans l'oreille avec la pression atmosphérique.

Certaines personnes sont très à l'aise de laisser s'exprimer le réflexe du bâillement et en savourent totalement les bienfaits. D'autres, par contre, ressentent un inconfort, voire une gêne extrême. Même si l'on ne peut empêcher cette fonction naturelle, elle se camoufle par différentes contorsions de la bouche afin de minimiser son ouverture. Une grimace plus ou moins apparente et l'œil qui s'humidifie laissent souvent deviner la rétention d'un bâillement inopportun. En découvrant l'importance de ce réflexe, nous oserons peut-être le laisser agir dans toute sa candeur afin de mieux le savourer.

Les chercheurs s'entendent pour dire qu'il y a plusieurs raisons à la manifestation du bâillement, dont certaines sont encore inconnues. Heureusement, on en sait de plus en plus grâce à la médecine de pointe et à la neurophysiologie.

Pour certains chercheurs, le manque d'oxygène serait une cause importante de sa manifestation, car lorsqu'on est fatigué, le sang a plus de mal à irriguer le cerveau et à apporter les nutriments et l'oxygène indispensables à son fonctionnement. La vigilance étant réduite, le cerveau travaille moins, mais il s'en rend compte. Il ordonne donc le bâillement. La bouche s'ouvre au maximum pour absorber plus d'air, le larynx s'agrandit, les cordes vocales s'écartent, le diaphragme se contracte, provoquant une importante arrivée d'oxygène dans les poumons. Cet oxygène alimente le cerveau, celui-ci se remet à fonctionner normalement et une sensation de bien-être s'installe.

Pour d'autres chercheurs, ce sont des fonctions différentes qui sont en cause. La principale fonction étant de stimuler la vigilance en période de fatigue ou d'ennui. Le bâillement servirait aussi de trait comportemental, révélant la transition d'un état à l'autre tout au long de l'éveil. Le bâillement peut ainsi sauver des vies. Être au volant d'une automobile sur de longues distances, et particulièrement sur une autoroute, rend la conduite monotone et la somnolence peut s'installer. Un danger mortel puisque le pourcentage d'accidents de la route dus à la somnolence varie de 25 à 50 % selon le Dr Éric Mullens, spécialiste français du sommeil. L'action de bâiller en conduisant est un signal d'alarme pouvant prévenir le chauffeur du risque d'endormissement. La solution est d'arrêter le véhicule dans une zone sécuritaire et de faire une sieste, afin d'évacuer une partie de la fatigue accumulée.

LES SEPT FONCTIONS DU BÂILLEMENT

Puisque socialement la manifestation du bâillement est mal acceptée, voici quelques-uns de ses rôles qui nous le rendent plus sympathique :

1. le bâillement éveillant du matin ;
2. le bâillement apéritif avant de manger ;
3. le bâillement digestif après le repas ;
4. le bâillement stimulant en période de fatigue ;
5. le bâillement calmant après un moment de stress ;
6. le bâillement alarmant au volant d'un véhicule ;
7. le bâillement endormant annonciateur du sommeil.

1. Après une longue période d'immobilité, le bâillement du matin permet une remise en mouvement du corps. Les muscles qui ont passé plusieurs heures au repos sont ankylosés. Le bâillement accompagné d'étirements a pour effet d'activer la circulation sanguine dans tous les recoins du corps et de veiller au dérouillage des articulations. Cela permet de se mettre en route plus aisément pour la journée.

2. Le bâillement apéritif agit lorsque la faim se fait sentir et que l'estomac trop vide réclame de la nourriture. Il permet l'ouverture du cardia, l'orifice par lequel communiquent l'œsophage et l'estomac, et provoque un appel d'air intragastrique qui donne une impression de plénitude abdominale. Cette fonc-

tion, en plus d'offrir un soulagement temporaire à la faim, permet de préparer l'estomac à l'arrivée prochaine des aliments.

3. Le bâillement digestif trouve sa mission une fois le repas terminé lorsqu'une grande quantité d'énergie est mobilisée par le travail de transformation des aliments. Un afflux sanguin est alors exigé par le système digestif au détriment des autres systèmes. Si le repas est lourd, ce travail sera d'autant plus exigeant. Le bâillement est alors au rendez-vous. Peut-être aide-t-il aussi à favoriser la transformation des aliments.

4. Le bâillement stimulant intervient lors des fluctuations d'énergie. Comme la vigilance connaît des cycles de 90 à 120 minutes, nous subissons des baisses d'énergie normales auxquelles nous remédions en bâillant. En période de fatigue anormale, due entre autres à une mauvaise nuit de sommeil ou à un surmenage, le bâillement stimulant active la circulation sanguine pour maintenir la concentration nécessaire au travail en cours. Au cours d'une période d'ennui, il apporte une stimulation cérébrale qui permet d'éviter la somnolence.

5. Le bâillement calmant agit dans une direction opposée au bâillement stimulant. Après un moment stressant, il sert à apaiser le corps. Celui-ci ayant subi l'assaut des hormones de stress, le réflexe de bâiller permet au cerveau de sécréter les hormones de détente dont les endorphines font partie. Grâce aux mouvements d'étirement musculaire, principalement les muscles respiratoires et ceux du visage, une détente s'ensuit pour neutraliser les tensions qui viennent de se produire.

6. Le bâillement alarmant est précieux dans les situations à risque, comme celle de conduire un véhicule dans un état de somnolence avancée. Bâiller peut alors déclencher une réaction

d'alerte salutaire. Lors d'un travail monotone pouvant causer une erreur fatale, le bâillement alarmant prévient aussi du risque d'assoupissement.

7. Le bâillement endormant est celui que nous connaissons le mieux. Ce bâillement du soir est annonciateur du sommeil. Lorsqu'un enfant refuse d'aller dormir, il suffit de surveiller l'instant où il se met à bâiller. Cela indique le moment idéal pour le conduire vers son lit, car en quelques minutes seulement, il va s'envoler dans les bras de Morphée. Le même phénomène se produit pour nous. Si le sommeil tarde à venir, il suffit de lire ou d'écouter de la musique jusqu'à la survenue d'une série de bâillements annonçant l'arrivée d'une phase d'endormissement, prélude au sommeil réparateur.

POUR RÉHABILITER LE BÂILLEMENT

Puisque l'action de bâiller est essentielle au bon fonctionnement de l'organisme, il vaut mieux l'accueillir avec plaisir que de tenter de l'éviter. Deux étapes sont importantes pour réhabiliter cette activité réflexe : l'acceptation et la satisfaction.

Qu'il soit signe d'ennui, de faim, de baisse de vigilance ou d'endormissement, le bâillement constitue une fonction réflexe importante. Il est capital d'accueillir ce phénomène naturel qui s'occupe de notre bien-être. L'acceptation nous permet de mieux jouir de ses bénéfices. Dans un sens plus général, on pourrait comparer l'importance du bâillement à celle de l'hydratation. Tout comme notre corps a besoin d'eau pour bien fonctionner, il a aussi besoin de bâiller pour être plus fonctionnel. L'apport quotidien de liquide permet de rincer notre eau interne, le bâillement contribue à purifier l'air interne en amplifiant l'apport d'oxygène. C'est pourquoi ce réflexe apparaît régulièrement tout au long de la journée.

Une fois le bâillement accepté, il ne reste plus qu'à valider la satisfaction obtenue. Pour ce faire, on doit conscientiser davantage le réflexe de bâiller. Pour atteindre un ressenti physiologique aux multiples avantages, il faut prendre le temps de savourer l'agréable décontraction des muscles du visage et du cou lors de l'ouverture de la bouche à son maximum. Ensuite, on accueille le plaisir de laisser les poumons se remplir d'air neuf et de profiter du soulagement des yeux humidifiés par les larmes du bâillement.

Au niveau psychique, bâiller oblige l'intellect à lâcher prise quelques instants. Cette courte absence mentale mérite d'être vécue avec jouissance pour mieux favoriser la concentration qui suivra.

Il n'y a qu'à regarder un chat bâiller pour avoir le goût d'en faire autant sans aucune gêne et savourer l'extase qui s'ensuit. La lenteur avec laquelle ce félin s'étire après son bâillement donne envie de l'imiter sans restriction.

Même si le rôle du bâillement reste mal élucidé, celui-ci provoque une sensation de grand bien-être liée à la libération de différentes substances naturelles, dont les endorphines. Le bâillement serait-il un antidépresseur naturel ?

EN RÉSUMÉ

- Le bâillement est un réflexe naturel qui existe chez tous les humains et chez certains animaux.
- Le bâillement est contagieux et nous rappelle ainsi aux besoins de notre corps.
- Tel un bon tonique, l'action de bâiller revigore tant physiquement que psychiquement.
- Il existe de petits bâilleurs (fréquence faible) et de grands bâilleurs (fréquence élevée).
- L'action de bâiller en conduisant est un signal d'alarme pouvant prévenir le chauffeur du risque d'assoupissement.
- Le bâillement éveillant du matin permet une remise en mouvement du corps.
- Le bâillement du soir annonce l'arrivée d'une phase d'endormissement, prélude au sommeil réparateur.

CONFIDENCES

Je me souviens très clairement de la première fois que l'on m'a réprimandée à la suite d'un bâillement. J'étais à l'école primaire et le directeur est venu faire une visite surprise dans ma classe. Pendant les quelques minutes de sa présence, je me suis mise à bâiller et mon professeur m'a grondée devant tout le monde en me disant que c'était très impoli d'agir ainsi. Après cet incident, j'ai été longtemps parmi les personnes qui éprouvent beaucoup de gêne à bâiller devant les autres.

Cependant, depuis que je connais les bienfaits du bâillement, je me prive beaucoup moins de cette jouissance physiologique. En présence d'autres personnes, si l'occasion s'y prête, j'en profite pour leur expliquer ce phénomène tout en les invitant à m'accompagner. Cette séance de bâillements collectifs devient alors amusante tout en étant régénératrice.

Si la situation n'est pas propice à en parler, je réussis assez bien à bâiller sans déranger les autres autour de moi. J'utilise quelques tactiques du genre cacher mon visage derrière un livre ou un document, tourner la tête de côté ou la baisser en faisant semblant de chercher quelque chose dans mon sac à main. La technique du demi-bâillement, malgré son efficacité diminuée, est tout de même bienfaisante : j'ouvre très peu la bouche, mais juste assez pour laisser entrer l'air et je place un doigt entre mes dents pour permettre l'ouverture de la bouche sans que ce soit suspect.

En dernier recours, je sors pour aller dans une autre pièce ou dans les toilettes, le temps de savourer quelques bâillements bienfaisants en toute liberté.

Lorsque je donne des conférences ou que j'anime des formations, je repère le moment où un certain nombre de personnes commencent à bâiller et j'y insère une pause. Durant cet arrêt, j'invite les gens à bâiller consciemment en leur faisant une petite démonstration visuelle et sonore. C'est systématique, les personnes qui n'osaient pas bâiller s'y adonnent de bon cœur. Au retour de la pause, je les informe de ne pas se gêner pour poursuivre avec d'autres bâillements si nécessaire. Cela ne m'offusque jamais. Au contraire, cela me réjouit, car leur attention sera meilleure après une série de bâillements bien exécutés.

Lorsque je suis seule, j'aime beaucoup laisser sortir des sons. Je les exprime avec le plus de créativité possible, car les entendre m'amuse. De plus, je réalise que parfois ils agissent en tant qu'exutoire pour les frustrations ou les impatiences du moment. Le mouvement associé au bâillement qui me fait le plus de bien est la décontraction des mâchoires. Comme j'ai tendance à serrer les dents pendant mes nombreuses heures de travail à l'ordinateur, ce massage des muscles du visage et du cou me détend suavement.

Le soir, au coucher, je lis régulièrement dans mon lit. Le signal de m'arrêter provient du premier bâillement indiquant qu'une phase de ralentissement cérébral arrive. Je profite de ce cycle pour accueillir l'endormissement qui me mène directement au sommeil.

Chapitre 6

LE RÊVE

Un dessert riche en surprises

Maintenant que le sommeil, la sieste et le bâillement sont plus compréhensibles dans leurs nombreuses manifestations physiologiques, voyons la partie intrigante qui concerne le contenu généré par les rêves. Même si nous rêvons durant toute la durée du sommeil (sommeil lent et sommeil paradoxal), les rêves dont il sera question dans ce chapitre sont ceux qui surviennent en sommeil paradoxal, accompagnés d'ondes cérébrales rapides. Ce sont les rêves dont on se souvient le plus aisément au réveil.

Puisque la durée des rêves allonge au fur et à mesure que la nuit progresse, leur contenu s'intensifie aussi. À la fin du sommeil, le dernier rêve dure en moyenne de 30 à 45 minutes. C'est le dessert de la nuit.

Qu'est-ce qu'un rêve ? S'agit-il d'une série d'images irrationnelles parfois difficiles à décoder, d'un défoulement émotionnel, de l'expression du subconscient portant un message, d'un scénario prémonitoire ? Toutes ces descriptions sont adéquates et beaucoup plus encore. Grâce à la médecine du sommeil et aux découvertes en neuropsychologie, les chercheurs en savent de plus en plus sur ce phénomène imprévisible puisque, chaque nuit, le rêve nous surprend par son contenu à la fois complexe et varié. Du physique au spirituel, en passant par la dimension émotionnelle et mentale, le rêve en a long à nous dire.

Au niveau physique, le rêve est parfois le reflet de ce qui se passe dans notre corps. Certains médecins consultent les rêves de leurs patients pour y trouver une source d'information afin de mieux les soigner. Le Dr Bernie S. Siegel écrit ceci : « Le corps et l'esprit sont en perpétuelle communication, mais surtout au niveau inconscient. [...] Ces images apparaissent spontanément dans les rêves et peuvent servir à détecter une maladie physiologique[1]. » Dans son livre *Ce que les maux de ventre disent de notre passé,* le Dr Ghislain Devroede, chirurgien colorectal et professeur à l'Université de Sherbrooke cite quelques exemples de rêves associés à la problématique des intestins. Il y mentionne aussi l'importance de la collaboration de soi avec l'être intérieur: « Cette collaboration, je la sentis d'abord dans mes rêves. Ces rêves furent des guides. Il y en a encore plusieurs qui, même après six ans, restent toujours clairs dans ma mémoire, et continuent de me guider[2]. »

Qu'il fascine avec des scénarios fantaisistes ou dérange avec des images terrifiantes, le rêve nous interpelle. Mais à quel niveau s'adresse-t-il à nous? De l'évacuation à l'information,

---

1. Dr Bernie S. Siegel, *L'amour, la médecine et les miracles,* J'ai lu, 1989, p. 157.

2. Dr Ghislain Devroede, *Ce que les maux de ventre disent de notre passé,* Éditions Payot, 2002, p. 293.

en passant par l'intégration et la transformation, le rêve est avant tout au service de notre bien-être tant physique que psychique.

LA DURÉE DU RÊVE

Le cerveau se compare à un immense ordinateur fonctionnant sans interruption et générant de l'électricité dont on peut mesurer la quantité. Les chercheurs ont identifié cinq stades de sommeil : l'endormissement, le sommeil léger, le sommeil profond, le sommeil très profond et le sommeil paradoxal. Le sommeil léger et le sommeil profond sont regroupés sous le terme « sommeil lent » à cause des ondes cérébrales lentes générées durant ces stades. Le sommeil paradoxal porte ce nom à cause du paradoxe entre un cerveau totalement actif, produisant des ondes cérébrales rapides, et un corps totalement détendu avec un tonus musculaire nul.

Après une période d'environ 90 minutes de repos cérébral durant la phase de sommeil lent, un phénomène particulier apparaît : le corps devient paralysé et le cerveau se met soudain à fonctionner à plein régime. Alors que le tonus musculaire est à son plus bas niveau, l'activité cérébrale augmente brusquement pour une période variant entre cinq et dix minutes. Nous sommes en sommeil paradoxal. On remarque aussi l'apparition de mouvements oculaires rapides, « MOR », dont l'expression anglaise « REM » (*Rapid Eye Movements*) est bien connue. En raison de cette activité cérébrale amplifiée, le dormeur voit des images, ressent des émotions et expérimente des sensations.

Après une première séance de cinéma intérieur, un autre cycle de sommeil lent s'installe pour une période de 60 à 90 minutes. Puis, une deuxième période de sommeil paradoxal apparaît dont la durée sera de plus en plus longue au fur et à mesure que la nuit avance. Au matin, l'activité cérébrale intense peut se prolonger jusqu'à 30 minutes et plus, d'où une plus grande aisance à se souvenir du dernier rêve.

Auparavant, on associait le rêve uniquement au sommeil paradoxal, à cause des mouvements oculaires rapides qui semblaient indiquer que le dormeur voyait son rêve. Grâce aux observations faites en clinique du sommeil, on reconnaît maintenant que le rêve a aussi lieu en sommeil lent. Le taux de personnes qui rapportent des rêves en sommeil lent est passé de 10 à 50 %. Cependant, en sommeil lent, les images sont moins bien définies, les scénarios de rêves moins structurés et les thèmes moins concrets. Conclusion : nous rêvons durant toute la durée du sommeil, mais les images sont mieux mémorisées en sommeil paradoxal.

À chacun ses priorités

La quantité de rêves va donc varier selon les besoins du moment. Lorsqu'on est soumis à un apprentissage plus grand qu'à l'habitude ou à un changement qui génère un grand stress, le temps passé en sommeil paradoxal s'allonge. Il semble donc que les rêves favorisent l'intégration des apprentissages et l'adaptation au changement. Ce qui revient à dire que les priorités de chacun détermineront le contenu des rêves.

De plus, les statistiques démontrent que les personnes motivées à parler de leurs rêves et celles intéressées à les analyser ont une meilleure mémoire de ceux-ci. La motivation et l'intérêt provoquent parfois des rêves lucides, dans lesquels le dormeur sait qu'il est en train de rêver. Il peut alors choisir de modifier le déroulement des images : métamorphoser un agresseur en complice d'évasion, transformer une chute mortelle en envol agréable, changer un monstre hideux en animal de compagnie, etc.

La quantité et la longueur des rêves varient selon les personnalités. Certains affirment avec certitude qu'ils ne rêvent jamais, alors que d'autres ont l'impression de rêver sans interruption. Par ailleurs, lors d'une même période de sommeil paradoxal, une longue scène peut sembler durer indéfiniment, laissant l'impression au réveil d'avoir fait le même rêve toute la nuit. Parfois, au contraire, il peut s'agir d'une série de tableaux contenant des scènes courtes et variées. C'est comme si le subconscient faisait du zapping avec notre cinéma intérieur.

La quantité de rêves varie donc d'une personne à l'autre et d'une situation à l'autre. Généralement, avec quatre à six séquences de sommeil paradoxal par nuit, on peut ramener à la mémoire de quatre à six rêves par période de huit heures de sommeil. La mémoire fluctue aussi avec les cycles internes (hormonal, biorythmique et psychologique) et les cycles externes (lunaire, saisonnier, annuel).

Une bonne raison de s'occuper de ses rêves est le haut niveau d'activité cérébrale durant la nuit. Grâce à l'imagerie cérébrale, capable de mesurer le débit sanguin dans le cerveau, les chercheurs ont comparé l'activité cérébrale de jour, évaluée à un maximum de 10 %, à celle du sommeil paradoxal qui peut atteindre plus de 80 %. On comprend pourquoi ils utilisent l'expression « orage cérébral » pour parler de ce qui se passe dans le cerveau lors des périodes de sommeil de rêves. Avec des neurones activés à 80 % de leur potentiel, nous pouvons affirmer que nous sommes plus intelligents la nuit que le jour.

LES TYPES DE RÊVES

On en connaît beaucoup plus maintenant sur le rôle des rêves concernant la régénération psychique. Ce travail se fait naturellement, sans effort et gratuitement. Rêver c'est se rénover sur le plan émotif et mental.

Parmi les images qui peuplent nos nuits, on note deux composantes majeures. Elles sont soit négatives, créant un effet dérangeant, soit positives, laissant un sentiment agréable au réveil. Au niveau psychique et de façon très globale, le rêve est ainsi révélateur de conflit ou d'harmonie.

Quand le rêve est un combat

Parmi les scénarios de rêves indicateurs de conflit, on retrouve des scènes d'agressivité avec des paroles de rage, des gestes de combat à deux ou de guerre en groupe. L'émotion qui prédomine est souvent la frustration, la colère ou la peur. Il peut y avoir aussi un sentiment d'impuissance, de détresse ou même d'épuisement intérieur. Les questions à se poser seraient :

- Dans quel secteur de ma vie je dois me battre pour arriver à mes fins ?
- Quel est le combat intérieur qui m'épuise ?
- Avec qui ou avec quoi suis-je en guerre ?

Le conflit peut provenir d'une situation où l'on doit se battre sans cesse ou d'un acharnement à maintenir une idée désuète, un préjugé inutile ou une attente impossible. Ce conflit intérieur peut aussi être la résultante d'un manque d'écoute à ses besoins personnels au profit de ceux des autres.

Cependant, le rêve de combat peut se terminer par un sentiment de bien-être ou de satisfaction. Il peut s'agir d'un rêve de compensation dont les images de guerre permettent l'évacuation d'une agressivité refoulée de jour. Ils servent ainsi d'exutoire et libèrent une colère qui risquerait de créer des dommages si elle ne s'exprimait pas.

Un autre sentiment positif qui accompagne parfois un rêve de combat est celui de la victoire. Dans ce cas, il peut s'agir d'un scénario qui illustre la capacité de reprendre le contrôle d'une situation problématique, l'audace de s'affirmer ou la victoire sur un conflit intérieur.

À l'opposé des rêves de combat, il y a les rêves d'harmonie, de beauté ou de tendresse.

Quand le rêve parle d'amour

Puisque le rêve va au-delà des préjugés et des tabous, les images nocturnes peuvent aussi dévoiler des scénarios empreints de tendresse et parfois même d'érotisme. Échappant à notre contrôle, ces rêves se manifestent de façon occasionnelle ou régulière. Certaines personnes en font peu et d'autres en abondance.

Avec une tendresse sensuelle ou une ardeur sexuelle, les nuits se déploient dans une féerie d'images agréables, attrayantes et excitantes. Les rêves d'amour ravissent et troublent à la fois[1]. On séduit un personnage connu ou inconnu. On se laisse embrasser avec douceur ou on fait l'amour avec passion. Les questions à se poser à soi-même seraient :

- Quelle partie de moi, symbolisée par le personnage aimé, j'accepte enfin ?
- Quelle qualité du partenaire amoureux dans le rêve devrais-je m'efforcer de reconnaître chez les autres ?
- L'heure de la réconciliation est-elle enfin arrivée avec la personne du rêve ?

Le rapprochement vu dans le scénario onirique peut provenir d'une nouvelle attitude d'acceptation ou de pardon face à ce personnage. La paix étant revenue, l'harmonie peut circuler. Généralement, un changement de comportement a lieu dans les jours suivants avec la personne vue en rêve.

Il ne faut pas s'étonner que les partenaires amoureux dans les rêves soient autres que la conjointe ou le conjoint de la vie d'éveil. Ces partenaires inconnus agissent souvent en tant que symboles dans le scénario virtuel pour faire prendre conscience d'un aspect de soi, duquel on se rapproche. Il importe alors d'identifier les caractéristiques de ces partenaires amoureux et de se les approprier. En voici des exemples :

- séduire un athlète : reconnaître ma partie compétitive ;
- faire l'amour à un chanteur populaire : admettre mon besoin d'être reconnue ;
- embrasser un personnage hideux : accepter mes défauts physiques ;

---

1. Nicole Gratton, *Vos rêves d'amour,* Dangles, 2004.

• danser sensuellement avec une artiste talentueuse : valider mes talents artistiques.

Lorsqu'un sentiment de joie ou de bonheur accompagne un rêve d'amour, il peut s'agir d'un rêve de compensation. Les images de tendresse ou de passion permettent alors de combler un besoin d'affection ou de reconnaissance. On se sent choyé, aimé. Si une vedette ou un personnage public nous charme, on se sent reconnu.

À d'autres moments, les rêves d'amour sont liés au courage. Oser séduire son patron, embrasser un inconnu dans la rue ou faire l'amour à son artiste favori sont autant de scénarios qui témoignent d'une grande audace. Un tel rêve redonne confiance en soi.

Outre ces deux types de rêves, révélateurs de conflit (sentiment négatif) ou indicateurs d'harmonie (sentiment positif), qui relèvent davantage de l'aspect psychologique, il existe cinq catégories de rêves qui concernent différents aspects de soi, du physique au spirituel. Selon l'origine du déclencheur, nous obtenons un rêve réactif (physique), compensateur (émotif), prémonitoire (temporel), télépathique (mental) ou spirituel (âme). Voici une description générale de ces catégories :

Réactifs : les rêves en rapport avec les conditions extérieures qui influencent le corps physique. Toute forme de stimuli pouvant créer des images réactives : digestion, fièvre, faim, soif, température ambiante, bruit environnant.

Compensateurs : les rêves qui maintiennent l'équilibre émotif. Ils sont directement reliés aux sentiments : joie, colère, peine, frustration, etc. Telle une soupape de sécurité, ces rêves représentent une force équilibrante et essentielle qui agit constamment pour notre bien-être. Le principe de compensation présent la nuit devient un puissant anti-stress.

Prémonitoires : les rêves qui nous montrent un événement du futur qui découle des conditions actuelles. Ces prémonitions nous aident à prévenir des conséquences futures en nous dévoilant les effets de nos actions présentes.

Télépathiques : les rêves qui concernent la communication avec soi-même (nos personnages intérieurs) ou avec les autres (amis, famille, collègues, personnes décédées). Ils servent à améliorer et harmoniser nos relations.

Spirituels : les rêves qui illustrent la dimension de l'âme et ses voyages intérieurs durant le sommeil. Puisque l'âme est immortelle, invincible et illimitée, tout devient possible durant ses envolées oniriques. Le monde du rêve étant un lieu où les limites humaines sont transcendées, l'âme crée des images qui reflètent son potentiel infini. Cela explique les contenus grandioses, sublimes et lumineux de certains rêves.

Les cinq catégories de rêves sont analysées plus précisément dans le livre *L'art de rêver*[1]. Cependant, s'il est intéressant de savoir comment classifier les rêves, le plus important est d'en comprendre le langage.

LE LANGAGE DU RÊVE

Le rêve possède son propre mode d'expression, son langage unique : celui des images accompagnées de différentes

---

1. Nicole Gratton, *L'art de rêver,* Flammarion Québec, 2003 (1994).

émotions. On y retrouve des objets, des animaux, des personnages et des actions. Il est important d'investiguer la nature de chaque élément, car ceux-ci agissent souvent en tant que symboles porteurs d'une valeur propre au vécu de chacun. À titre d'exemple, l'image d'une échelle peut symboliser le plaisir pour une personne qui s'en servait dans sa jeunesse pour aller jouer dans le grenier, alors que pour quelqu'un d'autre, cette image ramène un souvenir tragique concernant un parent décédé des suites d'une chute en bas d'une échelle.

Messagers personnalisés, les rêves fonctionnent à partir de l'agencement d'une ou plusieurs images, formant ce qu'on appelle une « métaphore de rêve ».

Une image vaut mille mots

Le mot métaphore désigne un procédé rhétorique par lequel on transporte la signification propre d'un mot à une autre signification grâce à une comparaison sous-entendue. En voici des exemples : chanter la pomme à quelqu'un, brûler la chandelle par les deux bouts, décrocher la lune, avoir le cœur sur la main, etc. En rêve, les images en disent long, mais elles possèdent le sens unique que chaque personne leur attribue.

C'est l'investigation qui permettra d'éclaircir la métaphore du rêve, mais elle ne peut être menée sans la collaboration du rêveur. Voilà pourquoi les dictionnaires de symboles risquent de proposer de fausses pistes d'analyse : la personne concernée possède peut-être une expérience individuelle conduisant à un sens différent de celui proposé par l'auteur du dictionnaire. Ce n'est donc qu'en se posant les questions à soi-même que l'on peut s'orienter dans la bonne direction.

Voici un exemple de scénario qui peut prendre deux sens différents selon la lecture que l'on fait de la métaphore qu'il contient. Deux personnes voient en rêve un avion qui s'écrase.

- Pour l'une d'elle, l'avion fait référence à l'amour, parce que c'est dans l'avion que son conjoint lui a fait une demande en mariage.
- Pour l'autre, l'avion symbolise le travail, du fait qu'elle prend souvent ce mode de transport pour conclure des contrats à l'étranger.

La dernière étape consiste à noter le sentiment qui accompagne la vue de l'avion qui tombe. Est-ce la panique ou la neutralité ?

- Dans le cas de la panique, la piste d'analyse suggère une mise en garde devant l'éventualité de la fin de quelque chose (relatif à une relation de couple ou à une situation professionnelle).
- Si le sentiment est neutre, le rêve semble révéler une capacité de lâcher prise devant l'inévitable (une rupture amoureuse ou un contrat annulé).

L'émotion qui en dit long

Le réflexe naturel de recourir à un dictionnaire de symboles pour interpréter un rêve est souvent vain. La principale raison en est qu'une image seule ne peut suffire à révéler le contenu parfois complexe du rêve. À titre d'exemple, rêver à une araignée et consulter un dictionnaire de rêves pour en comprendre le message est totalement insuffisant. Il faut d'abord tenir compte du scénario complet. Que fait l'araignée dans le rêve : attaque-t-elle ou est-elle inoffensive ? Son apparence compte aussi : est-elle petite ou grosse ? Ensuite, de quelle façon réagit-on : avec peur ou amusement ? Comment se termine le rêve : en demandant de l'aide ou en jouant avec l'araignée ? Enfin, à partir d'une association personnelle, la passion (pour un collectionneur), l'indifférence (pour certains), le dégoût ou la peur (pour la majorité des gens), on complète l'analyse en reliant le rêve avec un événement vécu récemment.

– Est-ce le patron menaçant qui a pris la forme de l'araignée dans le rêve ?
– Est-ce le temps d'affronter une des plus grandes peurs de sa vie, et d'en sortir victorieux ?
– Est-ce une incitation à demander de l'aide pour finaliser un projet inquiétant ?

Ce que l'on peut déplorer des dictionnaires de symboles, généralement trop simplistes, c'est qu'ils sont devenus le fast-food du rêve et qu'ils conduisent trop souvent à des pistes d'analyse erronées. En consultant plus d'un dictionnaire, on réalise qu'ils se contredisent parfois entre eux et sèment ainsi la confusion. De plus, le dictionnaire de symboles ne tient pas compte du sentiment du rêveur dans le rêve, cette information essentielle à l'analyse.

Le rêve prend tout son sens à partir du sentiment qui accompagne l'image. Par exemple, voir en rêve une abeille qui butine une fleur peut suggérer différentes possibilités selon l'association personnelle : la saveur agréable du miel, la nature invitante, le travail ardu, le vagabondage sexuel ou le danger de mourir (pour une personne allergique). Si l'on y ajoute le sentiment vécu dans le rêve, voici des pistes d'analyse qui seront plus explicites.

Ressentir du plaisir à voir l'abeille butiner :

- Mon corps réclame la bonne saveur du miel.
- La nature m'interpelle pour faire de l'exercice à l'extérieur.
- Je travaille fort et cela me plaît en ce moment.
- J'ai le goût d'avoir une aventure amoureuse.
- Une menace près de moi n'est pas dangereuse.

Avoir un sentiment de crainte :

- Attention à un excès de miel à cause peut-être d'un problème de glycémie.
- Dans la nature, je crains d'être piqué par une abeille.
- J'appréhende de travailler trop fort et d'être ensuite épuisé.
- Je crains de m'avancer vers telle personne qui pourrait me séduire.
- Une menace existe dans mon entourage et je dois en tenir compte.

Dans les rêves plus longs, en plus d'identifier nos associations personnelles avec les objets et les animaux, on doit observer l'évolution des sentiments impliqués. Évoluent-ils vers mieux, pire, ou restent-ils identiques ? La tristesse du début du rêve peut se muer en émerveillement à la fin du scénario. La neutralité pourrait se changer en désespoir. Un scénario qui évolue positivement donne le message que nos actions ou nos récentes décisions vont dans une direction bénéfique, alors qu'un rêve se terminant par un sentiment négatif présente généralement un avertissement dont on doit tenir compte.

En plus des objets ou des animaux, il y a les personnages qui jouent le rôle de symbole. Les personnages de rêves sont soit des aspects de soi à reconnaître, soit des acteurs virtuels qui nous font pratiquer des comportements ou parfois de vraies personnes avec lesquelles nous sommes en communication par le rêve télépathique.

Lorsque les personnages de rêves, connus ou inconnus, sont des aspects de soi, ils aident à accepter les défauts que l'on refuse de reconnaître ou les qualités que l'on n'ose pas valider. La présence d'un bébé peut signifier l'enfant intérieur qui réclame de l'attention. Le cousin grincheux et plaintif peut symboliser la victime intérieure qui n'est jamais satisfaite. L'artiste connu qui reçoit tous les honneurs dans le rêve peut représenter la partie talentueuse en soi qui est prête à nous mener au succès.

Dans le cas où les personnes du rêve sont des acteurs virtuels, ils ne sont là que pour mettre en scène un scénario, afin que l'on puisse pratiquer certaines attitudes avant-gardistes, de nouveaux comportements, ou développer des réflexes audacieux. Le rêve devient alors un terrain d'entraînement où l'on fait ses classes.

Il arrive aussi que le personnage impliqué dans le rêve soit une vraie personne. Une communication télépathique a alors lieu, soit pour prendre des nouvelles ou recevoir un message de cette personne, soit pour harmoniser une relation à un niveau supérieur dont le but varie selon les circonstances réelles : pardonner, accueillir, comprendre, être sur la même longueur d'onde, soutenir, séduire, convaincre, etc.

En analysant le type du rêve, son dénouement positif ou négatif, sa relation avec les préoccupations au coucher, chacun a la capacité de lui donner un sens. On constate aussi combien cette activité nocturne est précieuse pour faire les bons choix et poser les bons gestes.

LES SEPT FONCTIONS DU RÊVE

Les spécialistes du sommeil – neurologues, somnologues et psychologues entre autres – découvrent régulièrement de nouvelles fonctions aux rêves. Les rêves sont des alliés fidèles. Ils veillent sur nous en assumant plusieurs rôles. En voici sept qui permettront de mieux saisir leur importance au quotidien:

1. l'évacuation;
2. l'intégration;
3. l'information;
4. l'inspiration;
5. la communication;
6. la prémonition;
7. la transformation.

Selon les priorités du moment, chacune de ces fonctions joue un rôle important dans notre bien-être à différents niveaux.

1. La fonction d'évacuation du rêve permet de libérer ce qui alourdit le corps émotionnel. Que ce soit le stress accumulé, les peurs envahissantes, les frustrations retenues, les doutes paralysants, les colères réprimées, les peines ou les joies non dites, ces sentiments enfouis encombrent l'inconscient. Grâce aux rêves d'élimination, le ménage se fait chaque nuit pour permettre un dégagement émotionnel.

2. La fonction d'intégration du rêve favorise la solidification des apprentissages. En période de formation pour un nouveau travail ou pour acquérir une habileté complexe, durant l'étude intensive d'une nouvelle langue ou toute autre période qui exige une adaptation, le rêve rejoue les scènes vécues durant le jour afin de renforcer les circuits cérébraux impliqués.

Grâce à cette pratique virtuelle, l'intégration est finalisée et la mémoire consolidée.

3. La fonction d'information du rêve permet d'éclairer le parcours de vie, étape par étape. Chaque nuit, les expériences de jour sont classées afin d'avoir une perspective élargie. La vision globale offerte par le rêve permet de mieux se situer dans le présent. Un détail qui aurait pu échapper à la conscience de veille sera repéré par la conscience de sommeil afin de nous en informer et d'avoir une vision plus juste du vécu quotidien.

4. La fonction d'inspiration du rêve facilite la créativité dans tous les secteurs de la vie. Que ce soit pour inventer une recette de cuisine, modifier la décoration d'une pièce, trouver la solution d'un problème technique, créer une œuvre artistique, le rêve vient à la rescousse. Une idée innovatrice ou une vision originale issue de l'imagerie onirique permet d'activer la créativité qui sommeille en chacun.

5. La fonction de communication du rêve simplifie la réception ou la transmission de pensées entre soi et les autres. Un rêve télépathique permet de capter les besoins de ceux qui nous entourent ou de leur faire connaître nos attentes. La communication avec des personnes décédées est souvent facilitée par le rêve de contact. Dans ce type de rêve, le lien télépathique se fait d'âme à âme[1].

6. La fonction de prémonition du rêve permet de pressentir le futur. Certains scénarios de rêve ressemblent étrangement à ce que l'on vit de jour, sauf que l'événement n'est pas encore

---

1. Paule Boucher, *Rêves et Télépathie,* Éditions le Dauphin Blanc, 2002.

arrivé. Il est possible que ce soit un rêve prémonitoire. Le futur se dévoile ainsi dans la vision onirique afin de révéler le futur possible si les conditions actuelles sont maintenues. Le sentiment de déjà-vu durant l'éveil confirme généralement cette prouesse du rêve[1].

7. La fonction de transformation du rêve engendre des métamorphoses intérieures qui auront par la suite des répercussions extérieures. Ce sont les grands rêves qui génèrent ces transformations accélérées. Généralement, on se souvient facilement du rêve, car les images s'imprègnent de façon indélébile dans notre mémoire. On les appelle parfois des rêves initiatiques. Sous forme de tests ou d'épreuves, on y vit une expérience marquante qui a une influence sur le comportement à l'état d'éveil.

Il y aussi les rêves récurrents qui parfois hantent nos nuits. Ce sont des rêves à messages qui reviennent aussi longtemps que l'information n'est pas assimilée ou que l'avertissement n'est pas compris. Grâce à la répétition, des prises de conscience peuvent se faire.

Quand la nuit porte conseil

Même si la majorité des rêves concerne le rêveur lui-même et dévoile des aspects cachés ou évacue des sentiments refoulés, il existe des rêves solutions qui agissent tantôt pour soi et tantôt pour les autres. Voici deux exemples, dont le premier provient du livre du Dr William C. Dement.

---

1. Carole Fortin, *Rêves prémonitoires,* Flammarion Québec, 2005.

En 1964, le Dr Dement, dans la trentaine et gros fumeur depuis plusieurs années, fait un rêve dans lequel il se voit cracher dans son mouchoir et y découvre avec horreur du sang. Un radiologue qui examine la radiographie de ses poumons lui annonce qu'il y voit une douzaine de tumeurs cancéreuses. Pris d'angoisse et d'horreur impuissante, il réalise qu'il ne verra pas grandir ses enfants. Il s'éveille en état de panique, mais réalise soudain que ce n'était qu'un rêve. Constatant la précision et la clarté stupéfiantes du rêve, il prend immédiatement la décision de ne plus toucher à une cigarette de sa vie. Plus de 40 ans plus tard, il est en parfaite santé et non seulement a-t-il vu ses enfants grandir, mais aussi ses petits-enfants. Il affirme que ce rêve lui a sauvé la vie et conclut : « Pour ma part, je reste très attiré par les rêves, car je pense qu'ils peuvent avoir beaucoup de sens. Le monde onirique est un monde en soi, une réalité autre qui possède ses propres lois et sa propre morale[1]. »

Le deuxième exemple provient du témoignage d'une dame invitée à l'émission américaine *Oprah.* Il s'agit d'une série de trois rêves identiques suivis d'un quatrième au contenu farfelu, tous faits la même nuit.

L'événement a lieu aux États-Unis en 2005. Une dame se fait raconter par sa fille de 18 ans qu'une copine de classe a disparu depuis une semaine sans laisser de traces. Lors d'une soirée entre amis, cette dernière était repartie en voiture. Par la suite, ni elle ni la voiture n'ont été retrouvées. La dame est très affligée en pensant à la mère de cette jeune fille, qui doit

---

1. Dr William C. Dement, *Avoir un bon sommeil,* Éditions Odile Jacob, 2000, p. 291.

souffrir le martyre. Elle s'endort sur ces tristes pensées. À trois reprises, elle s'éveille après un rêve dans lequel elle voit avec précision une portion de route près de chez elle. Après le troisième rêve avec la même scène, elle se lève pour se changer les idées tellement elle trouve cela bizarre. Elle se rendort et cette fois elle rêve à un lapin géant qui lui chante les mots suivants : « Continue, ne lâche pas. »

Le lendemain, elle raconte ses rêves à sa fille. D'un commun accord, elles décident d'aller jeter un coup d'œil sur cette portion de route qui longe un ravin. Une fois sur place, elles descendent de la voiture, regardent partout et ne voient rien d'anormal. Au moment de repartir, la jeune fille dit à sa mère : « Maman, continue, ne lâche pas. »

En entendant cela, la dame décide de marcher un peu plus loin le long de la route, lorsque soudain elle aperçoit une branche cassée. En suivant du regard la direction de cette branche, elle descend plus bas vers le fond du ravin et voit enfin la voiture de la jeune fille disparue. Elle était grièvement blessée, mais encore vivante après huit jours, immobilisée, sans eau ni nourriture.

Les exemples touchant l'aspect créatif du rêve sont légion. De nombreuses inventions en sont issues, dont entre autres la machine à coudre, le phonographe, l'ampoule électrique, l'ordinateur et le stylo bille. Les rêves apportent parfois des idées de génie qui permettent de développer un concept, un principe ou un système : la loi de la relativité d'Einstein et la loi de l'hérédité de Mendell, la structure de l'atome par Niels Bohr, la table de classification des éléments chimiques par Dimitri Mendeleiev. Plusieurs créations musicales très connues ont été inspirées par des rêves : *La flûte enchantée* de Mozart, *L'or du Rhin* de Wagner, « Yesterday » des Beatles. Pour les œuvres littéraires, on retrouve *Discours de la méthode* de Descartes et *L'étrange cas du Dr Jekyll et de Mr Hyde* de Robert Louis Stevenson.

En sommeil de rêve, le cerveau produit des images virtuelles que l'on confond parfois avec la réalité, ce qui fait qu'au réveil on est déçu de constater que « ce n'était qu'un rêve ». Pourtant, la réalité virtuelle permet de développer de nombreuses habiletés, à preuve les pilotes d'avion qui font leur apprentissage en mode virtuel. Le vécu onirique peut donc s'avérer très précieux.

Les scénarios expérimentés en rêve nous laissent au réveil avec un bagage émotionnel et intellectuel de grande valeur. Malgré le caractère banal des scènes du quotidien récupérées par le rêve, notre réaction dans le rêve est riche d'enseignements. Sommes-nous plus audacieux que dans la vie d'éveil ? Avons-nous la capacité de dire les vraies choses ? Savons-nous y gérer l'abondance ? L'audace, l'affirmation de soi et la capacité de recevoir deviendront progressivement des acquis de jour suite à ces nombreuses pratiques oniriques.

POUR MIEUX APPRIVOISER LES RÊVES

Étant donné tous les bénéfices que l'on peut récolter à s'occuper de ses rêves, il est légitime de vouloir s'en souvenir davantage.

Si tout le monde fait un minimum de quatre à six rêves par nuit, pour certaines personnes la mémoire des images oniriques est presque totalement absente. Sur le plan de la physiologie du cerveau, cela est normal, car la mémoire à court terme est en partie désactivée durant le sommeil. Toutefois, on peut s'entraîner à se souvenir de ses rêves. Voici en trois étapes une démarche qui a fait ses preuves.

Un réveil en douceur

La première étape consiste à prendre le temps de s'éveiller en douceur le matin afin de capter les dernières images de la nuit. Comme la mémoire à court terme est peu active, les rêves s'envolent rapidement. Pour éviter cette situation, on garde les yeux fermés et on porte son attention sur la nuit qui s'achève en se demandant « À quoi ai-je rêvé cette nuit ? » Dès qu'une image ou des sensations reviennent à la mémoire, on les note sur un bout de papier ou dans un journal de rêves.

L'action de tenir un journal dénote l'intérêt que l'on porte à ses rêves et favorise une plus grande aisance à s'en souvenir. La curiosité et la motivation sont des conditions déterminantes pour stimuler la mémoire du rêve.

Un allié fidèle

La deuxième étape concerne l'ouverture d'esprit. Le rêve est notre meilleur allié. Fidèle au poste toutes les nuits, il est le complice de nos prises de conscience. Même si certains rêves semblent dérangeants, ils servent souvent à nous faire percevoir une embûche potentielle que l'on peut éviter si l'on modifie un comportement juste à temps.

Puisque l'intuition est au mieux la nuit, on peut puiser dans ses rêves des réponses, des solutions et des inspirations précieuses. En étant à l'écoute des messages que nous nous adressons à nous-mêmes, nous accédons à de l'information privilégiée que personne d'autre ne peut falsifier. C'est un privilège appréciable.

Les images du rêve reflètent les peurs et les espoirs, elles révèlent les craintes et les désirs dans le but de nous informer sur nous-mêmes, du physique au spirituel. En tant que sage consultant, le rêve nous assiste afin de prendre les bonnes décisions, car, ne l'oublions jamais, « la nuit porte conseil ».

L'agenda de nuit

La troisième étape consiste à devenir proactif avec ses rêves. La manière la plus efficace est de programmer ses nuits en induisant un « rêve action » ou un « rêve solution ».

La technique est simple : on inscrit sur une feuille ou dans son journal de rêves la demande formulée de façon claire, concise et affirmative.

En voici des exemples :

- Cette nuit, je vois comment réparer tel objet.
- Cette nuit, je perfectionne mes habiletés créatives.
- Cette nuit, je comprends la cause de mon désarroi.
- Cette nuit, je vois la prochaine étape de ma relation amoureuse.
- Cette nuit, je me prépare à communiquer clairement dans mon travail.
- Cette nuit, je développe la confiance en mes capacités.
- Cette nuit, je remercie toutes les personnes aidantes dans ma mission personnelle.

Pratiquer l'induction ou la programmation de rêve, c'est l'art de faire des postulats de rêves. Plus de 150 modèles de postulats sont mentionnés dans le livre *Les rêves, messagers de la nuit*[1].

La plasticité du cerveau se moule aux attentes individuelles, d'où l'importance de se sentir motivé pour réussir à obtenir des rêves créatifs. La noblesse de l'intention et l'urgence des priorités vont déterminer la vitesse de manifestation des rêves induits. Plus on est sincère dans sa programmation, plus les résultats sont concluants.

Profiter de ses nuits, c'est profiter d'un temps précieux : pendant que le corps se repose, une partie de soi, la conscience supérieure qui ne dort jamais, travaille sans effort à comprendre, assimiler et créer. Il n'en tient qu'à soi de cueillir les fruits de ce travail intérieur en notant les rêves générés par les postulats de rêves.

Un équilibre garanti

Selon les priorités du moment, la partie sage en soi gère l'information et projette ensuite sur notre écran onirique les scénarios nécessaires à notre équilibre émotif et intellectuel. Ensuite, un autre intervenant de la psyché, le censeur conditionné par l'éducation et la morale, filtre le tout afin de ne pas choquer la conscience. Ce qui fait dire à certaines personnes qu'elles ne rêvent jamais. Le censeur a bien fait son travail de blocage afin d'éviter une réaction dérangeante.

Le phénomène de blocage de la mémoire des rêves est fréquent chez les gens qui ont fait des cauchemars par le passé. Un

---

1. Nicole Gratton, *Les rêves, messagers de la nuit,* Éditions de l'Homme, 1998.

système de protection se met alors en place pour effacer le rêve aussitôt fait. Cependant, on doit se rappeler que même les mauvais rêves sont utiles. En tant que séance de pratique pour développer le courage ou à titre d'avertissement urgent pour éviter un bouleversement, le cauchemar peut être une protection précieuse. « Chaque cauchemar venant troubler le sommeil est une occasion d'étendre le champ de sa conscience, un défi à relever[1]. »

Le rêve est un atout inestimable. Chaque nuit, nous prenons des nouvelles de notre monde intérieur afin de demeurer connectés à nos besoins les plus intimes. Voilà un gage d'équilibre physique, émotionnel, mental et spirituel.

EN RÉSUMÉ

- À la fin du sommeil, le dernier rêve dure en moyenne de 30 à 45 minutes. C'est le dessert de la nuit.
- Avec les quatre à six séquences de sommeil paradoxal par nuit, on peut généralement ramener à la mémoire quatre à six rêves par période de huit heures de sommeil.
- Les neurones étant activés à 80 % de leur potentiel lorsqu'on dort, nous pouvons affirmer que nous sommes plus intelligents la nuit que le jour.
- Selon l'origine du déclencheur, nous obtenons un rêve réactif (physique), compensateur (émotif), prémonitoire (temporel), télépathique (mental) ou spirituel (âme).

1. Brigitte Langevin, *S.O.S. cauchemars,* Flammarion Québec, 2005, p. 197.

- Le rêve possède son propre mode d'expression, son langage unique : celui des images accompagnées de différentes émotions.
- La fonction d'évacuation du rêve facilite la libération de ce qui alourdit le corps émotionnel et celle d'intégration favorise la solidification des apprentissages.
- La fonction d'information du rêve permet d'éclairer le parcours de vie, étape par étape, et celle de prémonition aide à pressentir le futur.

CONFIDENCES

J'ai commencé à m'intéresser à l'étude des rêves à l'âge de 28 ans. Depuis ce temps, j'écris mes rêves presque tous les matins. Au début, je le faisais sans trop de conviction, car je n'étais pas assurée de l'importance de cette démarche. Au fil des ans, j'ai constaté combien mes rêves m'aidaient à comprendre ce que je vivais, me guidaient dans mes décisions et me préparaient à faire face à des défis inattendus.

Douze ans plus tard, le rêve et le sommeil sont devenus une passion et m'ont orientée vers une nouvelle carrière. Après avoir travaillé pendant une vingtaine d'années en milieu hospitalier en tant que technologue en médecine nucléaire, je suis devenue auteure, conférencière et conceptrice d'ateliers de formation sur le sommeil et les rêves. Ce fut d'ailleurs suite à une série de rêves que j'ai osé quitter un emploi sécuritaire pour me lancer dans l'univers incertain du travailleur autonome. Je raconte cette étape de ma vie dans le livre *Découvrez votre mission personnelle*[1]. Aujourd'hui, mon rôle en tant que directrice de la première école internationale de rêves au Québec consiste à faire connaître les fonctions et les bénéfices du rêve. Entourée d'une équipe engagée et stimulante, j'ai énormément de plaisir à explorer les nouvelles découvertes que la science met à jour sur les fonctions du cerveau qui sont activées durant le rêve.

Tout le monde peut devenir autonome dans l'analyse de ses rêves. Je le suis devenue grâce à la discipline de les écrire, puis en prenant le temps de faire des liens avec mon vécu de jour et mes préoccupations au coucher. Au fil des années, mes nombreux journaux de rêves sont devenus les complices fidèles de mon cheminement personnel.

1. Nicole Gratton, *Découvrez votre mission personnelle,* Éditions Un monde différent, 1999.

Chapitre 7

L'INSOMNIE

Une peur toxique

L'insomnie est le sujet de l'heure. On la vit, on en parle et on voudrait la faire disparaître, car ce mal du siècle sabote nos nuits. Les gens qui souffrent d'insomnie subissent une carence d'énergie et développent des problèmes de santé pouvant dégénérer en maladies graves.

Même si l'insomnie est la conséquence sérieuse d'un problème de base, il vaut mieux ne pas paniquer, car toute forme de crainte risque d'aggraver la situation. La peur de l'insomnie se nomme *aupniaphobie.* Cette peur insidieuse peut devenir un obstacle majeur à l'endormissement.

Au lieu de craindre l'insomnie, nous devrions lui être reconnaissants, car elle agit en tant que messagère : quelque chose ne va pas et il importe de s'en occuper. L'insomnie est un symptôme et non une maladie. Elle joue le rôle d'alarme pour nous pousser à agir.

C'est en démystifiant l'insomnie que nous pourrons reprendre le contrôle de notre sommeil et composer avec ces périodes momentanément difficiles. Connaître sa durée, distinguer les différents types d'insomnie et explorer des stratégies adéquates seront des atouts pour mieux gérer notre sommeil et accueillir avec davantage de plaisir l'heure du coucher.

L'insomnie se définit comme l'incapacité à induire ou à maintenir son sommeil. Afin de mieux en comprendre les manifestations, certains spécialistes du sommeil la divisent en trois catégories : l'insomnie initiale, l'insomnie de maintien et l'insomnie terminale. L'insomnie initiale concerne la difficulté à s'endormir, l'insomnie de maintien est due aux interruptions répétées du sommeil et l'insomnie terminale comporte un réveil prématuré ainsi que l'incapacité à retrouver le sommeil.

On parle aussi de mauvais sommeil pour décrire les critères subjectifs comme la difficulté d'endormissement ou la trop courte durée de sommeil. Du côté médical, les chercheurs sont maintenant aptes à déterminer plus facilement les causes physiques (maladies, blessures et dégénérescence) et les causes psychologiques (stress, anxiété et peur).

Longtemps sous-estimées, les conséquences de l'insomnie sont diverses et affectent la qualité de vie. Les effets dérangeants sont entre autres la somnolence durant la journée, les troubles de l'attention et de la concentration, la mémoire défaillante et la fragilité des humeurs. Les effets les plus insidieux sont les risques accrus d'accidents.

LES TYPES D'INSOMNIES

Le sommeil ayant des composantes à la fois physiques et psychiques, les chercheurs admettent que les causes de l'insomnie sont multifactorielles. Voyons d'abord les deux types d'insomnies suivantes : l'insomnie subjective et l'insomnie réelle.

L'insomnie subjective

L'insomnie subjective consiste à faire une fausse évaluation du sommeil : le dormeur est convaincu qu'il met des heures à s'endormir ou qu'il n'a pas fermé l'œil de la nuit. Des tests en clinique du sommeil ont démontré que plus du tiers des personnes qui se disent insomniaques ont tout simplement une perception erronée de la qualité de leur repos. Ils ne reconnaissent plus la présence du sommeil et incidemment ne l'apprécient plus.

L'insomnie subjective s'avère être un sommeil normal lorsqu'il est évalué en observation. L'impression que l'endormissement a exigé plus d'une heure correspond en réalité à seulement 20 à 30 minutes, ce qui est normal. Cela est généralement dû à une évaluation déformée du temps et à des attentes trop grandes, telles qu'espérer que le sommeil soit instantané au moment du coucher.

L'autre impression, celle de ne pas avoir fermé l'œil de la nuit, s'avère plus traumatisante. Si la personne fonctionne bien le lendemain et ne souffre pas de somnolence excessive durant le jour, on parlera de fausse insomnie. La cause peut être une simple erreur de perception. Le problème se règle dès que l'erreur est démystifiée en évaluant correctement le temps dormi dans un laboratoire du sommeil. Le faux insomniaque est rassuré lorsqu'on lui démontre, à l'aide d'examens appropriés, qu'il a effectivement dormi et cela durant une période suffisante. Il peut ainsi réaliser enfin qu'il est un dormeur normal.

L'insomnie réelle

En ce qui concerne les insomnies réelles, elles sont classées selon leur durée, variant de quelques jours à plusieurs mois ou même à quelques années. Parmi leurs répercussions graves, on retrouve l'irritabilité, source de conflits, les pertes de mémoire et les difficultés de concentration qui nuisent à la performance, ainsi que la somnolence pouvant causer des accidents. Les autres complications en relation avec la santé sont l'aggravation des migraines, des symptômes de ménopause, des douleurs musculaires, des problèmes circulatoires et digestifs, l'embonpoint, le diabète et l'hypertension.

LA DURÉE DE L'INSOMNIE

Le mot insomnie nous fait tous frissonner, mais il faut savoir que sa durée est variable. En fait, l'insomnie réelle se divise en trois catégories : occasionnelle, transitoire et chronique.

L'insomnie occasionnelle

L'insomnie occasionnelle est fréquente et heureusement peu inquiétante. Les causes sont multiples, mais rarement dangereuses. Elle intervient sur de courtes périodes, variant de un à quelques jours seulement. Il s'agit parfois de la même nuit chaque semaine, comme l'insomnie du dimanche soir. On l'appelle aussi insomnie aiguë. Certains spécialistes mentionnent qu'il est normal d'avoir une nuit d'insomnie par mois, comme si une réaction naturelle se mettait en place pour empêcher le sommeil d'apparaître. Cette nuit blanche crée ensuite une pression de sommeil qui facilite l'endormissement de la nuit suivante et efface ainsi la dette de sommeil.

Généralement, la personne peut établir avec facilité la cause de son insomnie occasionnelle. Il peut s'agir d'une inquiétude ponctuelle à la suite de difficultés professionnelles ou d'une surcharge temporaire de responsabilités. Des conflits familiaux, un souci financier ou l'anticipation d'un événement heureux ou malheureux en sont d'autres causes fréquentes.

Des facteurs extérieurs à soi interviennent également : la température (trop chaude ou trop froide), le bruit (des sons trop forts ou inhabituels) ou l'éclairage (un manque d'obscurité). Dormir ailleurs que chez soi peut aussi causer une insomnie temporaire.

Le décalage horaire est un facteur fréquent d'insomnie occasionnelle. La traversée rapide de plusieurs fuseaux horaires perturbe le rythme circadien. Le corps prend alors un certain temps à s'ajuster. Lorsque le contexte s'y prête, il est recommandé de passer du temps à l'extérieur dès l'arrivée à destination. L'exposition à la lumière du jour permet de synchroniser l'horloge biologique en fonction de l'heure locale.

Parmi les causes d'origine alimentaire, il y a l'ingestion de produits excitants – café, thé, chocolat, boissons au cola. Les mets trop gras ou trop épicés agissent aussi comme stimulants. L'alcool, même s'il est un dépresseur et facilite l'endormissement, perturbe le sommeil en le fragmentant, et en réduisant la durée du sommeil paradoxal.

Une certaine vigilance sera utile pour éliminer les différents saboteurs du sommeil afin d'éviter l'insomnie occasionnelle. Mais il ne faut surtout pas s'inquiéter si une nuit blanche surgit de façon impromptue, car une fois n'est pas coutume.

L'insomnie transitoire

L'insomnie transitoire diffère de la précédente par sa durée plus longue pouvant s'échelonner de quelques semaines à quelques mois. Très souvent, la cause est facilement identifiée et il faut se donner le temps d'y remédier.

Parmi les causes d'insomnie transitoire les plus fréquentes, nous retrouvons le stress. En premier lieu, il y a le stress physique : adaptation à un nouveau lieu de vie, maladie amenant des douleurs ou de l'inconfort. Une fois l'acclimatation accomplie ou la douleur soulagée, le sommeil reprend sa place.

En second lieu, il y a le stress psychologique dû à des changements difficiles auxquels on doit s'ajuster. Parmi ceux-ci, on trouve la perte d'un emploi, une séparation ou un divorce pénible, le deuil d'un proche, une faillite. L'anticipation d'une situation désagréable, comme un refus mal géré ou une pénalité douloureuse, cause souvent des nuits sans sommeil. Pour composer avec ce type d'insomnie, il faut cultiver la patience, car malgré la gravité du moment il ne s'agit que d'une étape à traverser.

L'insomnie transitoire apparaît aussi lors de situations heureuses : l'attente d'une promotion, la préparation d'un voyage, la veille d'une grande célébration ou le début de la retraite. Les idées bouillonnent à l'heure du coucher et peuvent garder éveillé pendant de nombreuses heures. Des techniques de relaxation corporelle et de détente mentale sont alors utiles pour favoriser l'endormissement.

L'insomnie chronique

L'insomnie chronique peut durer de quelques mois à plusieurs années. La personne qui en souffre a souvent du mal à en déterminer les causes initiales, celles-ci étant généralement multiples. Certaines personnes en souffrent du simple fait qu'elles sont trop préoccupées par leur sommeil. Elles y pensent constamment durant la journée et redoutent d'aller au lit. L'heure du coucher s'accompagne alors d'anticipations négatives telles que « je sens que je ne pourrai pas dormir encore ce soir », ce qui conduit effectivement à l'absence de sommeil.

L'insomnie chronique peut dépendre de causes organiques ou de causes psychiques. Parfois ces deux facteurs se combinent pour nuire davantage au sommeil. Elle débute souvent au cours d'une période de tension exagérée dans le contexte de situations stressantes qui transforment des épisodes d'insomnies occasionnelles en une perturbation chronique et prolongée du sommeil.

Au niveau organique, des symptômes physiques peuvent gêner l'endormissement ou entraîner des éveils nocturnes : douleurs, difficultés respiratoires, démangeaisons, envie d'uriner à répétition. Les douleurs dues à l'arthrite et aux rhumatismes, les inconforts provenant des maladies cardiaques et respiratoires nuisent aussi au sommeil. La fibromyalgie, la maladie de Parkinson, les démences séniles ou préséniles, les maladies dégénératives perturbent également le repos.

Parmi les troubles secondaires qui gênent le sommeil, il y a d'abord le syndrome des jambes sans repos ou impatience des membres inférieurs, qui oblige la personne immobile à se relever et à marcher. Ensuite, le syndrome des mouvements périodiques des jambes se produisant durant le sommeil cause une désorganisation et une fragmentation de celui-ci. Le désordre du lit au réveil dénote souvent la présence de ce trouble.

Au niveau psychologique, l'insomnie chronique peut provenir d'un conditionnement négatif face au sommeil. L'insomniaque ne répond plus aux signaux normaux d'un bon endormissement. Cela peut provenir de l'habitude de lutter pour s'endormir. La volonté fait fuir le sommeil, car elle stimule l'activité cérébrale, empêchant du même coup la détente essentielle à l'endormissement. On parle ici d'anxiété de performance.

L'autre habitude pouvant créer une insomnie chronique provient de conditions nocturnes qui obligent la personne, sans cesse sollicitée par des stimuli, à rester vigilante durant la nuit. Ce problème est fréquent chez les parents et les aidants naturels soumis à des levers nocturnes fréquents pour répondre aux besoins d'un enfant, du conjoint malade, ou d'une personne âgée en perte d'autonomie.

Parmi les causes psychologiques, deux conditions sont à considérer : l'anxiété et la dépression. L'anxiété provoque aussi bien des difficultés d'endormissement que des éveils durant la nuit. Elle s'accompagne souvent de signes physiques : transpiration excessive, sensation de boule dans la gorge, palpitations cardiaques. L'anxiété au coucher maintient une tension musculaire trop forte avec parfois un rythme respiratoire et cardiaque élevé. La détente étant devenue impossible, le sommeil ne peut s'installer.

La dépression se traduit le plus souvent par des éveils vers la fin de la nuit, avec parfois une impossibilité de se rendormir.

Elle occasionne une fragmentation et une diminution du temps de sommeil total. Dans certains cas, le sommeil paradoxal est plus long en début de nuit, ce qui est contraire à la structure normale du sommeil. Cette observation laisse croire que la rénovation psychique de la personne dépressive a la priorité sur sa rénovation physique.

Dans le cas d'insomnie chronique, il est important de consulter un professionnel de la santé afin d'établir l'origine de ce problème et d'y remédier. Les dommages à long terme risquent d'être de plus en plus graves si des correctifs ne sont pas apportés.

Voici maintenant quelques stratégies à expérimenter avant le sommeil et pendant la nuit pour éviter l'aggravation de l'insomnie.

LES STRATÉGIES PRÉVENTIVES

Un des éléments que nous pouvons apprendre à maîtriser pour diminuer ou vaincre l'insomnie concerne notre état émotionnel et mental. Dormir est une faculté naturelle qui a tendance à se détériorer avec l'âge. Plusieurs éléments peuvent causer cette détérioration, dont certains facteurs génétiques, l'hygiène de vie, l'ignorance de la physiologie du sommeil et les fausses croyances.

Certaines personnes commencent jeunes à mal dormir. Elles ont un sommeil fragile, causant plusieurs inconforts, dont celui d'être dérangées au moindre bruit. Cette catégorie est plutôt rare. La majorité des gens sont de bons dormeurs à la naissance et ce n'est que plus tard qu'ils deviennent de mauvais dormeurs.

Des émotions qui font du bien

Puisque l'une des causes de l'insomnie est l'agitation émotionnelle, il est important de développer des stratégies pour s'éloigner des préoccupations qui génèrent des émotions négatives comme l'inquiétude, le doute, la peur et le découragement. Ces émotions ont des effets directs sur le corps en causant une augmentation de la pression artérielle et une perturbation du système nerveux.

Un livre écrit par deux chercheurs, qui ont travaillé à l'Institut HeartMath de Californie, présente les résultats d'une recherche scientifique qui révèle qu'une intelligence réside dans le cœur. Il montre également comment le cœur communique avec le cerveau et le reste du corps[1]. Lorsque l'intelligence du cœur est sollicitée, elle peut réduire la pression artérielle, améliorer le système nerveux et l'équilibre hormonal, tout en facilitant les fonctions cérébrales. Le terme « cohérence cardiaque » est utilisé par les auteurs pour nommer cet état harmonieux.

Cohérence veut dire ceci : état de connexion logique, ordre interne ou harmonie entre les composantes d'un système. La cohérence cardiaque est décrite comme un mode de fonctionnement cardiaque dans lequel la production rythmique et électrique du cœur est hautement ordonnée. Les recherches de

---

1. Doc Childre, Howard Martin, *L'intelligence intuitive du cœur,* Ariane, 2005.

l'Institut HeartMath ont démontré que les émotions positives, comme l'amour, la compassion et la gratitude, augmentent la cohérence des schémas des battements rythmiques du cœur.

C'est souvent au coucher qu'on se met à penser aux problèmes non réglés. Le jour, les obligations du moment occupent les pensées, tandis que le soir certaines émotions refont surface et tentent d'envahir la conscience. Il devient donc nécessaire de retrouver l'harmonie intérieure. Un sentiment sera alors utile pour ramener les émotions dans une zone apaisante afin de retrouver le calme intérieur : la gratitude.

Un moment de gratitude

Il est facile de penser à tout ce qui ne va pas dans sa vie et d'en allonger la liste indéfiniment. À cette insatisfaction se jumelle une série d'émotions perturbatrices qui vont directement nuire au sommeil. Pour court-circuiter l'enchaînement des émotions négatives, un effort volontaire est nécessaire afin d'orienter les pensées dans une direction opposée. Pour y arriver, il suffit de porter son attention sur ce qui mérite de la reconnaissance afin de nourrir le sentiment de gratitude.

On peut prendre le temps d'apprécier les cadeaux de la vie dans plusieurs domaines. Au niveau relationnel, il suffit de penser aux personnes qui méritent que nous les remerciions : le conjoint attentionné, les enfants qui nous rendent fiers, un parent compatissant, un ami réconfortant, un collaborateur engagé, un commerçant serviable, un collègue généreux, un voisin aimable, etc.

Au niveau du confort, de tous petits riens et de grandes inventions nous rendent la vie plus facile : le diachylon qui protège une plaie, la caméra qui enregistre des souvenirs précieux, le réfrigérateur qui conserve les aliments, l'automobile qui facilite les déplacements et le satellite qui simplifie les communications, en sont des exemples. À nous de poursuivre chaque soir une liste selon l'humeur du moment.

La gratitude mène à la satisfaction. Lorsque nous sommes au lit, nous avons enfin le temps d'apprécier ce qui nous entoure. Différentes situations sont prétextes à la satisfaction: l'arrêt des activités, le silence de la pièce, le confort du lit.

Maintenant que le corps émotionnel a retrouvé une harmonie grâce à la gratitude et à la satisfaction, qu'en est-il du corps mental? Comment le calmer pour induire la mise en place de l'endormissement? Comment arrêter le processus mental qui s'emballe sans cesse?

Sachant que l'une des causes de l'insomnie est l'activité mentale persistante, il est important de développer des moyens de calmer ses pensées. Sans intervention consciente, les pensées qui s'agitent en tous sens maintiennent une stimulation cérébrale trop intense.

Le lâcher-prise

Au moment du coucher, une disponibilité intérieure s'installe, propice à réviser en pensée les nombreuses tâches accomplies durant le jour et celles à effectuer plus tard. Cette révision amène une série de réflexions allant de l'introspection à l'inspiration.

Une introspection trop sévère peut favoriser des pensées négatives comme le remords: « Pourquoi n'ai-je pas dit ceci ou fait cela? Comment aurais-je pu prévenir telle conséquence?

Qui aurait pu m'aider dans telle situation ? » Les pensées de doute ou de regret s'enchaînent et maintiennent une agitation intérieure qui nuit à l'endormissement. Le conseil de Don Miguel Ruiz s'avère ici fort utile : « Faites donc simplement de votre mieux, quelles que soient les circonstances de votre vie. Peu importe que vous soyez fatigué ou malade, si vous faites toujours de votre mieux, il vous est impossible de vous juger. Et si vous ne vous jugez pas, il n'est pas possible de subir la culpabilité, la honte et l'autopunition. En faisant toujours de votre mieux, vous rompez avec un sort auquel vous avez été soumis[1]. » Ainsi, sachant que l'on a fait de son mieux, il ne reste plus qu'à lâcher prise sur le passé qui ne peut être changé.

En pratiquant le lâcher-prise, un abandon intérieur s'installe et le sommeil a une chance d'arriver enfin. On laisse ainsi place aux rêves créatifs propices à trouver des solutions.

L'insomnie n'est pas une maladie. C'est un symptôme qui découle d'un autre problème. Pour comprendre l'insomnie et mieux la maîtriser, il est important de connaître les éléments qui l'entretiennent.

LES SEPT CAUSES DE L'INSOMNIE

La liste qui va suivre fait référence aux causes les plus fréquentes de l'insomnie. Certaines sont tributaires de choix personnels et d'autres proviennent de conditions incontrôlables. En prendre conscience peut aider à modifier certains compor-

---

1. Don Miguel Ruiz, *Les quatre accords toltèques,* Éditions Jouvence, 1999, p. 77.

tements, à prendre de bonnes habitudes et à pratiquer l'hygiène du sommeil. La liste comprend :

1. les excitants ;
2. l'inactivité physique ;
3. l'environnement ;
4. les maladies organiques ;
5. les changements hormonaux ;
6. les facteurs psychologiques ;
7. les médicaments.

1. Les excitants sont présents un peu partout dans notre quotidien. La consommation abusive de produits stimulants, dont le café, le thé, le chocolat, les colas et la nicotine, peut être responsable des difficultés à trouver le sommeil. Leur action excitante sur l'activité cérébrale empêche la détente nécessaire pour induire le sommeil.

2. L'inactivité physique joue un rôle non négligeable. Le manque d'exercice représente une des causes importantes du mauvais sommeil. Si l'on n'est pas assez fatigué au niveau musculaire, la quantité de sommeil profond est diminuée au profit du sommeil léger qui est moins satisfaisant. À l'inverse, un effort physique soutenu juste avant d'aller au lit empêche l'endormissement à cause des hormones de l'éveil, l'adrénaline et le cortisol entre autres, qui se retrouvent en trop grande quantité dans la circulation sanguine.

3. L'environnement a une influence directe sur le sommeil. Une chambre bruyante ou trop lumineuse, un matelas de mauvaise qualité, une température excessive (trop chaude ou trop froide), des appareils électriques qui émettent des rayonnements électromagnétiques (ordinateur, téléviseur, chaîne stéréo,

téléphone portable, couverture électrique) peuvent empêcher ou fragiliser le sommeil.

4. Les maladies organiques sabotent le sommeil de différentes façons selon le niveau d'inconfort ou de douleurs qu'elles entraînent. Elles peuvent soit empêcher l'endormissement, soit fragmenter le sommeil. Parmi les maladies organiques les plus communes étant des agents potentiels d'insomnie, on trouve l'asthme, le reflux gastrique et tout problème de santé générant des douleurs au coucher.

5. Les changements hormonaux déséquilibrent temporairement l'organisme. Les menstruations, la grossesse, la ménopause et l'hyperthyroïdie sont parmi ceux qui nuisent au sommeil. Leurs effets étant passagers, tout rentre dans l'ordre lorsque la cause disparaît ou qu'elle est bien traitée.

6. Les facteurs psychologiques tels que le stress, l'anxiété et la dépression, sont des sources majeures d'insomnie. Un épisode traumatisant (opération chirurgicale, accident de voiture, accouchement, deuil difficile, perte d'emploi, faillite, etc.) peut générer une angoisse conduisant à la nuit blanche. Dès le coucher, les systèmes d'éveil sont activés, empêchant l'endormissement.

7. Les médicaments contenant des produits excitants (cortisone, bêtabloquants, amphétamines, stimulants), certains décongestionnants et bronchodilatateurs peuvent perturber le sommeil. Les somnifères, bien qu'utiles au début, aggravent parfois l'insomnie. Leur utilisation ne doit pas dépasser quelques semaines. Pris régulièrement, ils pourraient entraîner une insomnie de rebond lors de leur arrêt.

Il faut savoir que les médicaments servant à induire le sommeil, comme les somnifères ou les tranquillisants, peuvent engendrer des problèmes de dépendance physique. Même si ces substances s'avèrent parfois utiles pour traverser une période stressante (difficultés personnelles, familiales ou professionnelles), elles entraînent des effets persistants et constituent un risque pour la santé. S'ils sont consommés pendant une période supérieure à quelques semaines, les médicaments de la famille des benzodiazépines peuvent entraîner une perte de mémoire des faits récents, une baisse de la vigilance, une somnolence, une diminution des réflexes. Ces troubles rendent dangereuses la conduite d'un véhicule ou l'utilisation de certaines machines. La prise d'alcool au cours d'un traitement avec des tranquillisants ou des somnifères est nocive, car l'alcool augmente l'effet sédatif des produits.

Un usage continu (plusieurs mois) de médicaments pour dormir peut causer des phobies telle que l'agoraphobie (la peur des lieux publics), de l'anxiété, des hallucinations ou de la rage. Parmi les autres effets secondaires importants, mentionnons la panique, les douleurs et la rigidité musculaire, les troubles digestifs et la dépression.

Pour éviter l'usage de ces drogues, l'utilisation de plantes aux propriétés sédatives est une alternative intéressante. En voici six parmi les plus recommandées : la valériane, le tilleul, l'aubépine, la mélisse, la passiflore et la camomille. Prises en infusion ou en décoction, elles offrent aussi le plaisir réconfortant de déguster une boisson chaude en soirée.

Lorsque l'insomnie devient chronique, il est préférable de consulter un professionnel de la santé afin d'en trouver la cause.

Une fois que celle-ci est cernée et prise en charge, il arrive que l'insomnie disparaisse, ce qui évite la prise de somnifères.

L'arrêt de médicaments qui ont généré une dépendance doit se faire progressivement, afin de diminuer les effets désagréables du sevrage. Autant que possible, il est conseillé de l'entreprendre sous surveillance médicale. Le Dr Charles Morin présente une méthode progressive d'arrêt dans son livre *Vaincre les ennemis du sommeil*[1]. Il préconise aussi la thérapie comportementale lorsque l'insomnie n'est pas causée par une maladie physique ou mentale.

POUR ÉVITER L'INSOMNIE

L'endormissement est une période cruciale du sommeil. Pour accéder au sommeil profond, il faut passer par cette phase dont le meilleur déclencheur semble être la fatigue jumelée au calme.

La fatigue crée un besoin de repos et le calme permet le ralentissement des ondes cérébrales. À moins d'avoir fait trop de siestes durant la journée, nous sommes généralement suffisamment fatigués pour que le sommeil s'installe. Alors comment se fait-il que ce dernier fuie malgré l'épuisement ? Que peut-on faire pour l'apprivoiser à nouveau ?

---

1. Dr Charles M. Morin, *Vaincre les ennemis du sommeil,* Éditions de l'Homme, 1997.

Le rituel qui endort

L'humain est un être d'habitudes. Tout au long de sa croissance, chaque habitude crée un automatisme qui permet la réactivation sans effort d'une pensée, d'une parole ou d'une action. L'automatisme trace dans le cerveau un genre de sillon dont l'effet d'entraînement sera fonction du nombre de répétitions de cette habitude. Plus nous refaisons les mêmes gestes, plus ceux-ci sont profondément ancrés dans nos prédispositions. Le rituel du coucher, lorsqu'il est bien établi et répétitif devient une habitude qui nous installe aisément dans le sillon de l'endormissement.

On aimerait parfois s'endormir dès l'instant où on s'allonge dans le lit, mais il a été démontré que le cerveau met environ 20 minutes à passer d'un rythme rapide à un rythme lent. En pratique, cela veut dire que les ondes cérébrales rapides (bêta) de l'éveil nécessitent un contexte particulier pour se transformer en ondes lentes (alpha) de l'endormissement et très lentes (delta) du sommeil profond.

Si le rituel du coucher est bien établi, il occupera ce temps nécessaire pour le ralentissement cérébral et induira le processus de l'endormissement. En introduisant un rituel du coucher d'une durée de 15 à 20 minutes, nous créons un sillon dans lequel le cerveau reconnaît qu'il est temps de se calmer.

Tout comme les enfants ont leur rituel particulier pour glisser en douceur vers le sommeil, les adultes n'échappent pas à ce besoin physiologique. L'enfant apprécie qu'une personne aimante lui fasse la lecture et le borde gentiment dans son lit. En tant qu'adulte, il est rare de bénéficier d'un tel traitement. Nous devons donc veiller à adopter des habitudes calmantes au moment du coucher. On pourrait même insister sur le fait que ces habitudes doivent être suffisamment monotones pour induire des ondes cérébrales lentes. L'important est d'éviter tout ce qui pourrait surexciter le cerveau : séance de clavardage sur Internet, discussion trop excitante concernant un projet qui nous tient à cœur, réflexion inquiétante à propos d'un problème financier.

Parmi les préparatifs qui précèdent le coucher, voici une liste de rituels qui ont le potentiel d'apaiser :

- une douche chaude ;
- un bain aux huiles essentielles ;
- le lavage du visage en massant longuement le front ;
- la lecture d'un livre inspirant ;
- la pratique d'exercices de respirations ;
- la méditation ou la contemplation ;
- un court massage corporel.

En plus de ces actions, d'autres petits gestes routiniers aident à rappeler au corps qu'il doit s'orienter vers le sommeil :

- se brosser les dents ;
- boire un verre d'eau ;
- enfiler un vêtement de nuit ;
- aérer la chambre quelques instants ;
- fermer les rideaux ou les stores ;
- régler le réveille-matin ;
- ouvrir son journal de rêves.

L'important est de répéter les mêmes gestes dans le même ordre. Ainsi, le corps et l'esprit reconnaissent intuitivement les habitudes du coucher.

Il est aussi conseillé de placer un stylo et du papier à portée de main pour noter les idées qui jaillissent soudain dès qu'on ferme les yeux. Il s'agit généralement du rappel d'une action à poser le lendemain : un coup de téléphone important à faire, une lettre à poster, un compte à payer, etc. En le notant par écrit, on permet au mental de lâcher prise, sinon on risque d'y penser sans arrêt par peur de l'oublier.

Durant cette période précédant l'arrivée du sommeil, il arrive parfois qu'une inspiration soudaine émerge : une idée originale pour un projet à venir, une remarque positive à faire à un collègue, une solution à un problème technique, une idée de décoration pour la maison, une inspiration pour la préparation du lunch du lendemain, etc. Il serait bon d'en prendre note pour ne pas l'oublier.

Une fois le sommeil bien installé, il est possible qu'un éveil durant la nuit provoque une incapacité à se rendormir. Que se passe-t-il ?

Pas de panique, c'est naturel

L'étude du sommeil en laboratoire a permis de découvrir qu'une nuit normale de sommeil est entrecoupée de nombreux éveils de courte durée. Ces micro-éveils d'à peine quelques secondes se produisent avant et après chaque phase de sommeil paradoxal. Ainsi, avant et après que s'installe l'atonie musculaire – cette paralysie temporaire qui nous empêche de faire en réalité les gestes que l'on fait dans notre rêve – il se produit un très court éveil dont nous ne sommes généralement pas conscients. Selon certains chercheurs, le but de cet éveil, non perceptible consciemment, serait de permettre de vérifier au début et à la fin de cette période de paralysie qu'aucun danger ne nous menace. Ce réflexe naturel fait partie intégrante de la structure du sommeil.

Si, à cause d'un sommeil trop léger, nous sommes conscients de ces micro-éveils naturels, il est important de ne pas paniquer. La moindre pensée d'angoisse du genre «ça y est, je ne me rendormirai plus», risque de maintenir l'éveil pour un cycle complet d'environ 90 minutes, raccourcissant du même coup le temps total de sommeil.

Les éveils partiels observables fragmentent la nuit en deux ou plusieurs segments. Si le retour au sommeil est trop long, il peut être utile de se lever et de faire autre chose, en attendant qu'un bâillement annonce une phase d'endormissement propice à retrouver le sommeil.

La stratégie numéro un pour éviter que les 10 à 15 micro-éveils qui ponctuent la nuit de façon normale ne deviennent de véritables éveils conscients à cause d'un sommeil trop léger est de s'assurer d'avoir davantage de sommeil profond. La seule façon d'y parvenir est d'accumuler une bonne fatigue musculaire. Celle-ci provient d'une dépense énergétique suffisante durant le jour. En général, un exercice continu de 30 minutes suffit à combler ce besoin.

La deuxième stratégie consiste à conserver le calme intérieur lorsqu'un éveil est conscientisé durant la nuit. La panique est à éviter à tout prix. Il suffit de se dire que cela fait partie de la structure normale du sommeil et qu'on va se rendormir sous peu. En demeurant immobile et calme, le sommeil a de grandes chances de revenir.

La troisième stratégie consiste à ne pas regarder l'heure. Le fait de prendre conscience du temps restant à dormir peut créer une légère anxiété qui sera suffisante pour maintenir l'éveil. Il suffit donc de placer le réveille-matin hors de la vue.

Deux autres comportements sont à éviter: nourrir la peur de ne pas dormir suffisamment et forcer le sommeil en se répétant qu'il faut dormir à tout prix. En ayant peur de ne pas être suffisamment reposé, on génère des idées angoissantes du genre: « Si je ne dors pas, je ne serai pas en forme pour… Je vais manquer de concentration durant… J'aurai l'air de… » Les craintes ainsi alimentées maintiennent l'éveil que ce soit en début de nuit, durant la nuit ou trop tôt le matin. La pensée qu'il faut dormir à tout prix fait appel à la volonté. Mais voilà que la volonté chasse le sommeil en maintenant actifs les neurones du cerveau qui devraient ralentir leurs activités. Ce type d'insomnie est dû à l'anxiété de performance. Le sommeil nécessite un lâcher-prise mental, une attitude contraire à la volonté ou à l'effort.

N'oublions pas que porter notre attention sur la possibilité de faire de l'insomnie nous met sur la fréquence vibratoire de cet état et l'attire automatiquement. Dans son livre *Excusez-moi, mais votre vie attend,* Lynn Grabhorn démontre suavement la loi d'attraction qui est étroitement liée au principe de manifestation: « Si nous pensons émotionnellement à quelque chose assez longtemps, que ce soit l'objet de nos désirs ou de nos hantises, il entrera dans notre univers, que cela nous plaise ou non[1]. »

---

1. Lynn Grabhorn, *Excusez-moi, mais votre vie attend,* Éditions AdA, 2004, p. 34.

La meilleure attitude au coucher consiste à lâcher prise, à s'abandonner et à faire confiance à notre corps qui sait comment trouver le sommeil. « Souvenez-vous que, pour transformer un problème, vous n'avez pas à le résoudre, vous n'avez qu'à cesser de vous en préoccuper[1]. »

EN RÉSUMÉ

- La peur de l'insomnie se nomme aupniaphobie. Cette peur insidieuse peut devenir un obstacle majeur à l'endormissement en créant une angoisse qui maintient l'éveil.
- L'insomnie subjective consiste à faire une fausse évaluation de son sommeil en étant convaincu d'avoir mis des heures à s'endormir ou de ne pas avoir fermé l'œil de la nuit.
- L'insomnie occasionnelle dure quelques jours et dépend de causes multiples. Elle est normale et fait partie de la vie moderne.
- L'insomnie transitoire, d'une durée plus longue, est souvent générée par un stress physique, comme l'adaptation à un nouveau lieu d'habitation, ou un stress psychologique dû à un changement difficile.
- L'insomnie chronique, d'une durée de quelques mois à plusieurs années, provient généralement de causes multiples et il est important de consulter un professionnel de la

1. *Id.*, p. 143.

santé afin d'identifier l'origine de ce symptôme et d'y remédier.

- Au coucher, pour court-circuiter l'enchaînement des émotions négatives, il suffit de cultiver des sentiments positifs.
- Un rituel du coucher bien établi de 15 à 20 minutes permet le ralentissement cérébral nécessaire pour induire l'endormissement. Avec la répétition, il se crée un sillon dans lequel le cerveau reconnaît que le sommeil va bientôt s'installer.
- Les trois stratégies pour minimiser l'impact des éveils durant la nuit sont : accumuler une bonne fatigue musculaire durant le jour, conserver le calme intérieur lors d'un éveil nocturne et placer le réveille-matin hors de la vue.

CONFIDENCES

J'ai souvent subi des insomnies occasionnelles au début de l'âge adulte. La perfectionniste que j'étais pouvait passer des heures à ruminer des événements vécus durant la journée. Il s'agissait souvent de regrets au sujet de gestes manqués. Je repassais l'événement dans ma tête et je m'en voulais de ne pas avoir réagi de telle ou telle façon. Pourquoi avais-je dit ceci ? Comment aurais-je pu faire cela ?

Il m'arrivait aussi, le soir dans mon lit, d'imaginer ce qui aurait pu se passer de pire si tel événement s'était produit alors qu'en réalité tout avait bien été. Comme cette fameuse nuit blanche en 1974, au retour de mon premier voyage en Europe.

Les membres de ma famille étaient venus me chercher à l'aéroport et il s'en est fallu de peu qu'ils me manquent. Dans l'aérogare, après deux heures de recherche mutuelle, nous n'avions pas réussi à nous retrouver. Ce n'est qu'une fois assise dans le taxi que je les ai aperçus, juste à temps, se dirigeant vers le stationnement. Malgré les retrouvailles heureuses, j'ai passé la nuit suivante à imaginer le désarroi que cela aurait pu créer s'ils étaient repartis sans que nous nous soyons vus. Au lieu de me réjouir de la fin heureuse de cette aventure, mon imaginaire s'agitait avec le scénario déplorable qui aurait pu se produire.

À d'autres moments, c'était l'angoisse face au futur. J'étais une spécialiste de l'anticipation négative avec des pensées du genre : si je ne réussis pas tel examen, si je suis malade le jour de la collation des grades, si je manque mon avion, si tel désastre se produit, etc. Avec toutes ces mésaventures imaginaires, je me créais de belles nuits d'insomnie.

Heureusement, les pensées concernant des événements passés ou futurs sur lesquels je n'ai aucun pouvoir me hantent beaucoup moins aujourd'hui. Le moyen le plus efficace de calmer mes pensées est la méditation. La technique qui m'aide le plus commence par le chant d'un mantra[1]. J'utilise le son « HU » qui se prononce « you » en allongeant le « ou-ou-ou » final jusqu'au bout de l'expiration. Après le chant du mantra pendant environ cinq minutes, je pratique le silence intérieur. À ce moment, mes pensées s'estompent de plus en plus et m'apportent une paix intérieure qui transforme mes inquiétudes

1. Mantra : syllabe ou phrase sacrée servant à atteindre un état d'apaisement mental.

en espoir, mes angoisses en détachement et mes doutes en confiance.

Au début de ma ménopause, j'ai connu des périodes d'insomnies occasionnelles. Il m'a fallu améliorer davantage mon hygiène de sommeil : consommer moins de sucre et plus d'aliments vivants, avoir moins de stress et faire plus d'exercice. Lorsque certaines nuits je pressens que le sommeil ne sera pas au rendez-vous, je m'installe avec un bon livre et j'attends que le bâillement m'annonce une phase d'endormissement afin d'accueillir sereinement le repos tant attendu.

CONCLUSION

Même si nous avons l'impression que le sommeil est passif et qu'il représente une perte de temps, les recherches médicales ont prouvé le contraire. Dormir, c'est éliminer les déchets organiques, réparer les blessures corporelles, assimiler les nutriments et guérir le corps. De même que rêver, c'est éliminer les émotions négatives, réparer les dommages affectifs, assimiler les connaissances intellectuelles et guérir l'âme. En sommeil profond ou en sommeil de rêve, nous sommes en pleine activité.

Les troubles du sommeil peuvent aussi se comparer aux problèmes liés à l'alimentation. Les insomniaques qui ne savent plus dormir sont un peu comme des convives qui auraient perdu la capacité de déguster un bon repas. En acceptant de faire de la période du repos un moment agréable à savourer, nous pouvons réhabiliter le sommeil sous une forme réjouissante, celle d'un festin dont chaque plat est savouré avec délectation.

Voici les phases à conscientiser pour percevoir le sommeil comme un plaisir gustatif. La première consiste à prendre le temps de se mettre à table avec le rituel du coucher constitué des petits gestes quotidiens qui précèdent la venue du sommeil et de la préparation de la chambre à coucher (aération et obscurité).

La deuxième étape est de savourer un ou plusieurs hors-d'œuvre, afin d'inciter notre dimension émotionnelle à être dans les meilleures dispositions pour induire l'endormissement. Parmi ces entrées délicieuses, il y a les pensées de gratitude, l'espoir et le contentement.

Vient ensuite le mets principal, le sommeil profond, que l'on déguste au moyen de la bonne fatigue de jour générée par l'exercice physique. Puis enfin, le dessert, qui nous invite à profiter du rôle informatif des rêves remplis d'images aux multiples saveurs, allant des plus douces aux plus érotiques.

Si, du fait d'une contrainte extérieure ou d'une obligation personnelle, on est forcé de se priver de repos, il est bon de savoir que toute dette de sommeil peut être effacée grâce à une cure de sommeil. Tel un festin thérapeutique, le repos prolongé prend soin du corps épuisé. Il suffit de déguster heure après heure et sans culpabilité cette trêve bien méritée pour reprendre des forces physiques, émotionnelles et mentales.

Dormir dans le plaisir est notre droit le plus légitime. À nous de faire de notre sommeil un moment de ressourcement à la hauteur de nos attentes. Sommeil et merveille riment très bien ensemble. Jouissons-en !

ANNEXES

ANNEXE 1

L'agenda du sommeil

Afin de mieux connaître votre sommeil, voici un moyen simple qui ne prend que quelques minutes par jour. L'agenda du sommeil comprend une grille à remplir et quelques notes sur la qualité du repos de nuit.

Cet outil vous permettra d'établir les points suivants :

- le type de dormeur que vous êtes (petit, moyen ou gros dormeur) ;
- vos habitudes de sommeil (horaire régulier ou changeant) ;
- votre horaire du coucher (couche-tôt ou couche-tard) ;
- vos habitudes de jour (avec ou sans sieste).

L'agenda du sommeil vous aidera aussi à suivre les progrès consécutifs aux changements que vous apporterez à la suite de la lecture de ce livre.

Il suffit d'inscrire un (X) dans la colonne correspondant aux heures de sommeil et d'y insérer les éveils de nuit d'une durée supérieure à 15 minutes avec un trait (-). Notez dans la dernière colonne le nombre d'heures dormies au total. Ajoutez aussi le temps en sieste par un petit (s) par séance de 10 à 30 minutes et un grand (S) par séance d'une heure. (Voir les 4 exemples.)

EXEMPLE NO 1 : Un couche-tôt, gros dormeur. Il a un horaire régulier en allant au lit tous les soirs à 21 h. Cependant, il fait souvent de l'angoisse au coucher, ce qui le tient éveillé un certain temps.

HEURE	18	19	20	21	22	23	0	1	2	3	4
LUNDI				×	×	×	×	×	×	×	×
MARDI				–	–	×	×	×	×	×	×
MERCREDI				×	×	×	×	×	×	×	×
JEUDI				–	–	×	×	×	×	×	×
VENDREDI				–	×	×	×	×	×	×	×
SAMEDI				×	×	×	×	×	×	×	×
DIMANCHE				–	–	×	×	×	×	×	×

EXEMPLE N° 2 : Un couche-tard, petit dormeur. Le vendredi soir, il sort, se couche plus tard et prend de l'alcool. Cela fragmente son sommeil en provoquant deux éveils d'une durée d'une heure chacun. Le lendemain, il récupère en faisant la grasse matinée. Il fait une sieste tous les jours dont la durée augmente la fin de semaine.

HEURE	18	19	20	21	22	23	0	1	2	3	4
LUNDI								×	×	×	×
MARDI									×	×	×
MERCREDI									×	×	×
JEUDI								×	×	×	×
VENDREDI										×	–
SAMEDI										×	×
DIMANCHE								×	×	×	×

	5	6	7	8	9	10	11	12	13	14	15	16		TOTAL
	X	X												**10**
	X	X	X											**9**
	X	X												**10**
	X	X	X											**9**
	X	X												**9**
	X	X	X	X							S			**12**
	X	X	X	X										**10**

	5	6	7	8	9	10	11	12	13	14	15	16		TOTAL
	X	X							S					**6**
	X	X							S					**5**
	X	X							S					**5**
	X	X							S					**6**
	X	–	X	X	X	X			S					**6**
	X	X	X	X	X					S				**7**
	X	X									S			**6**

EXEMPLE N° 3 : Un moyen dormeur avec un horaire irrégulier. Il possède une bonne capacité à s'endormir à toute heure, mais ses nuits sont souvent interrompues par un éveil à 4 h du matin. Il aime faire une sieste lorsque cela est possible.

HEURE	18	19	20	21	22	23	0	1	2	3	4	
LUNDI					X	X	X	X	X	X	–	
MARDI							X	X	X	X	X	
MERCREDI						X	X	X	X	X	–	
JEUDI					X	X	X	X	X	X	–	
VENDREDI							X	X	X	X	–	
SAMEDI									X	X	X	
DIMANCHE						X	X	X	X	X	–	

EXEMPLE N° 4 : Un moyen dormeur qui doit se lever tôt le matin. Lorsqu'il travaille le lendemain, il va au lit toujours à la même heure. Mais puisqu'il ne dort pas le nombre d'heures dont il a besoin, il compense par une sieste quotidienne.

HEURE	18	19	20	21	22	23	0	1	2	3	4	
LUNDI						X	X	X	X	X	X	
MARDI						X	X	X	X	X	X	
MERCREDI						X	X	X	X	X	X	
JEUDI						X	X	X	–	X	X	
VENDREDI								X	X	X	X	
SAMEDI								X	X	X	–	
DIMANCHE						X	X	X	X	X	X	

	5	6	7	8	9	10	11	12	13	14	15	16		**TOTAL**
	x													**7**
	x	x								S				**7**
	x	x	x											**8**
	x										S			**7**
	x	x	x	x										**8**
	x	x	x	x	x									**8**
	x	x												**7**

	5	6	7	8	9	10	11	12	13	14	15	16		**TOTAL**
									S					**6**
									S					**6**
									S					**6**
									S					**5**
	x	x	x	x	x				S					**8**
	x	–	x	x						S				**6**
									S					**6**

VOTRE AGENDA DU SOMMEIL
Il est recommandé de tenir votre agenda du sommeil sur une période d'un mois afin d'avoir une meilleure idée d'ensemble.

Semaine 1

HEURE	18	19	20	21	22	23	0	1	2	3	4	
LUNDI												
MARDI												
MERCREDI												
JEUDI												
VENDREDI												
SAMEDI												
DIMANCHE												

Semaine 2

HEURE	18	19	20	21	22	23	0	1	2	3	4	
LUNDI												
MARDI												
MERCREDI												
JEUDI												
VENDREDI												
SAMEDI												
DIMANCHE												

	5	6	7	8	9	10	11	12	13	14	15	16	17	**TOTAL**

	5	6	7	8	9	10	11	12	13	14	15	16	17	**TOTAL**

VOTRE AGENDA DU SOMMEIL (suite)

Semaine 3

HEURE	18	19	20	21	22	23	0	1	2	3	4	
LUNDI												
MARDI												
MERCREDI												
JEUDI												
VENDREDI												
SAMEDI												
DIMANCHE												

Semaine 4

HEURE	18	19	20	21	22	23	0	1	2	3	4	
LUNDI												
MARDI												
MERCREDI												
JEUDI												
VENDREDI												
SAMEDI												
DIMANCHE												

	5	6	7	8	9	10	11	12	13	14	15	16	17	**TOTAL**

	5	6	7	8	9	10	11	12	13	14	15	16	17	**TOTAL**

ANNEXE 2

L'échelle d'Epworth

Test qui permet d'évaluer le degré de somnolence ou d'endormissement.

Risque de vous endormir

0	jamais
1	risque faible
2	risque moyen
3	risque élevé

Dans les situations suivantes : répondez de 0 à 3.

Assis en train de lire	
En regardant la télévision	
Assis dans un endroit public	
Comme passager dans une voiture qui roule pendant une heure	
Allongé pour se reposer en après-midi lorsque c'est possible	
Assis et s'adressant à quelqu'un	
Assis après avoir pris un repas sans alcool	
Au volant d'une voiture immobilisée quelques minutes dans un embouteillage	
Total	

Résultats

de 0 à 8	pas de somnolence
de 8 à 10	somnolence modérée, une vigilance s'impose
au-delà de 10	somnolence confirmée, nécessité de consulter un médecin
12 et plus	somnolence pathologique, urgence de consulter un médecin

ANNEXE 3

Suggestions de lectures durant la cure

Voici une liste d'écrits qui témoignent du lien entre la psychologie, la science et la spiritualité. La lecture de ces livres offre une excellente nourriture pour l'esprit et favorise une expansion de la conscience.

Santé et bien-être

Deepak Chopra, *Vivre en rajeunissant,* Éditions du Rocher, 2002

Deepak Chopra, *Esprit éternel et corps sans âge,* Éditions Stanké, 1996

Psychologie spirituelle

Wayne Dyer, *Le pouvoir de l'intention,* Éditions AdA, 2004

Lynn Grabhorn, *Excusez-moi, mais votre vie attend,* Éditions AdA, 2004

Don Miguel Ruiz, *Les quatre accords toltèques,* Éditions Jouvence, 1999

Eckhart Tolle, *Le pouvoir du moment présent,* Éditions Ariane, 2005

Eckhart Tolle, *Nouvelle Terre,* Éditions Ariane, 2005

Frances Vaughan et Roger Walsh, *De dons en miracles,* Éditions Un monde différent, 2006

Science et conscience

Ervin Laszlo, *Science et champ akashique,* Éditions Ariane, 2005

Lynne McTaggart, *L'univers informé,* Éditions Ariane, 2005

BIBLIOGRAPHIE

Béliveau, Dr Richard et Gingras, Dr Denis. *Les aliments contre le cancer,* Trécarré, 2005

Boucher, Paule. *Rêves et Télépathie,* Éditions le Dauphin Blanc, 2002

Caldwell, Dr J. Paul. *Le sommeil,* Guy St-Jean Éditeur, 1995

Cardinal, Denise. *Rêves et Mémoire,* Éditions le Dauphin Blanc, 2002

Childre, Doc et Martin, Howard. *L'intelligence intuitive,* Ariane, 2005

Delaney, Gayle. *La clé des rêves,* Éditions AdA, 2006

Dement, Dr William C. *Avoir un bon sommeil,* Éditions Odile Jacob, 2000

Devroede, Dr Ghislain. *Ce que les maux de ventre disent de notre passé,* Éditions Payot, 2002

Drouin, Dr Jean. *Guérir sa vie,* Éditions le Dauphin Blanc, 2006

Fecteau, Danielle. *L'effet placebo,* Les Éditions de l'Homme, 2004

Fluchaire, Pierre. *La révolution du lit,* Éditions Artulen, 1991

Fluchaire, Pierre. *Bien dormir pour mieux vivre,* J'ai lu, Paris, 1992

Garfield, Patricia. *La créativité onirique,* J'ai lu, 1997

Glady, Dr Gilbert. *Comprendre et retrouver le sommeil,* SAEP, Colmar, 1998

Grosbois, Jacques et Lepellec, Michèle. *Apnées, ronflements et troubles du sommeil,* Éditions Option Santé, 2003

Jouvet, Dr Michel, *Le sommeil et le rêve,* Éditions Odile Jacob, Paris, 1992

Langevin, Brigitte. *Rêves et Créativité,* Éditions le Dauphin Blanc, 2003

Langevin, Brigitte. *S.O.S. cauchemars,* Flammarion Québec, 2005

Lapensée, Micheline. *Rêves et Deuil,* Éditions le Dauphin Blanc, 2003

Lasnier, Catherine. *Rêves et Analyse,* Éditions le Dauphin Blanc, 2005

Lecendreux, Dr Michel. *Le sommeil,* J'ai lu, 2002

McTaggart, Lynne. *L'univers informé,* Éditions Ariane, 2005

Morin, Dr Charles M. *Vaincre les ennemis du sommeil,* Éditions de l'Homme, 1997

Mullens, Dr Éric. *Apprendre à dormir,* Éditions Josette Lyons, 2005

Ruiz, Don Miguel. *Les quatre accords toltèques,* Éditions Jouvence, 1999

Siegel, Dr Bernie S. *L'amour, la médecine et les miracles,* J'ai lu, 1989

Servan-Schreiber, Dr David. *Guérir,* Robert Laffont, 2003

Teszner, Dr Danielle. *Savoir dormir,* Flammarion, 2004

Tran Dinh Can, Maurice. *Bien dormir pour guérir,* Éditions du Rocher, 2002

Waluzinski, Dr Olivier. *Bâillements et pandiculation,* Éditions Oscitatio, 2004

REMERCIEMENTS

Durant le processus d'écriture et lors de la phase finale, des personnes ont été d'une aide précieuse. Je tiens à leur témoigner ma profonde gratitude : Dr Michelle De La Garde, Johanne Goyette, Marilou Brousseau, Claire Larose et Anne-Saskia Barthe.

Un merci particulier au Dr Ghislain Devroede d'avoir généreusement accepté de faire la préface de ce livre.

TABLE DES MATIÈRES

À PROPOS DE L'AUTEUR

Nicole Gratton est conférencière internationale et donne des formations et des conférences sur les thèmes suivants : sommeil, rêves et vitalité. Elle écrit des chroniques régulières dans plusieurs magazines québécois. Parmi ses quatorze livres publiés, deux sont traduits en italien.

Fondatrice et directrice de l'École Internationale de Rêves Nicole Gratton, elle forme des animateurs certifiés qui offrent des ateliers dans plusieurs régions du Québec et en Europe.

Pour des informations concernant les prochaines activités :

Courrier postal	C.P. 22, Succ. St-Michel Montréal (Québec) Canada H2A 3L8
Courrier électronique	info@nicole-gratton.com www.nicole-gratton.com
Ligne sans frais	1 866 717-REVE